KB179023

루소가 들려주는

교육 이야기

루소가 들려주는
교육 이야기

ⓒ 강영계, 2006

초판 1쇄 발행일 2006년 8월 30일
초판 13쇄 발행일 2021년 8월 18일

지은이   강영계
그림   함정선
펴낸이   정은영

펴낸곳   (주)자음과모음
출판등록   2001년 11월 28일 제2001-000259호
주소   04047 서울시 마포구 양화로6길 49
전화   편집부 (02)324-2347 경영지원부 (02)325-6047
팩스   편집부 (02)324-2348 경영지원부 (02)2648-1311
e-mail   jamoteen@jamobook.com

ISBN 978-89-544-1953-6 (64100)

루소가 들려주는
교육 이야기

강영계 지음

|주|자음과모음

이 세상에 사람처럼 허약하고 무능력한 동물을 찾기도 힘듭니다. 우리들은 흔히 '인간은 만물의 영장이다' 라고 말하면서 인간이 우주 만물을 지배한다고 주장합니다. 그렇지만 길가의 풀 한 포기, 바퀴벌레, 거북이, 새, 치타, 사자 등과 인간을 비교해 볼 때 과연 인간은 어떤 존재일까요?

우리들 인간은 약하디약한 존재입니다. 길가의 풀이나 바퀴벌레처럼 아무 곳에나 살 수 없고, 거북이처럼 오래 살지도 못하며 치타처럼 빨리 달리지도 못하고 사자만큼 힘이 강하지도 않으며 새처럼 멀리 보지도 못하고 개처럼 냄새를 예리하게 맡지도 못하는 것이 바로 인간입니다. 그러나 인간은 약하면서도 강한 존재입니다.

인간은 이 세상에 존재하는 모든 생물들과 달리 양심과 평등 그리고 자유와 사랑을 말하고 실천합니다. 인간의 인간다움은 바로 인간이 스스로 양심, 평등, 자유 등을 내면의 덕으로 깨닫고 자기 자신을 사랑하면서 키워 나갈 뿐만 아니라 사회를 함께 이끌어 나가는 데서 찾을 수 있습니다.

　루소는 프랑스 계몽 철학 시대의 철학자이자 에세이 작가이며 소설가입니다. 《에밀》은 루소의 대표작 중 하나이고 이 작품 안에서 루소는 인간의 본성과 교육을 진지하게 다루고 있습니다. 《에밀》의 참다운 내용을 알기 위해서는 루소의 기본 사상에 대한 이해가 필수적입니다.

　서양 사상과 프랑스 문명에 대한 날카로운 비판, 인간의 불평등과 평등에 대한 심각한 생각, 인간성 회복을 위한 고뇌 등을 제대로 이해할 때 우리들은 비로소 루소의 진지한 사상을 옳게 붙잡을 수 있습니다. '자연으로 돌아가라' 는 루소의 외침은 결국 '인간다운 참다운 인간을 회복하자' 는 말과 똑같습니다. 모든 것이 기계화되고 상품화된 현대 사회에서 루소의 '에밀' 은 우리들에게 싱그럽고 상큼한 초원의 대기를 맛보게 합니다.

2006년 8월

강영계

C O N T E N T S

"아유, 다행이다. 겨우 비행기 표를 예약했네. 아직 한 달도 더 남았는데 글쎄 비행기 표가 다 매진이라지 뭐니? 방학마다 어학연수가 극성이라더니 정말 그런가 보다."

저녁 식사 자리에서 엄마가 하시는 말씀입니다. 엄마는 진작부터 저를 미국에 어학연수를 보내고 싶어 하셨는데 여유가 되지 않아 미루다가 올해 큰맘 먹고 보내 주시는 거랍니다. 2년 동안 따로 적금을 부으셨다나요.

"우리 집엔 어쩜 그 흔하다는 이민 간 친척도 없을까. 옆집 규현이는 고모가 캐나다에 있어서 방학마다 나가더라고요. 조기 유학도 생각해 볼까 하던데, 우리는 고모가 셋씩이나 있으면 뭐해요."

'고모'라는 말에 유난히 힘을 주며, 엄마는 아빠에게 불만스러운 표정을 짓습니다.

"이민이 뭐 좋은 거라고 그래. 다들 외국 나가면 고생이야. 여기 내 나라 내 땅만큼 좋은 데가 어디 있겠어."

아빠는 젓가락질을 계속하며 엄마의 말에 건성으로 대꾸를 합니다.

"당신은 세상을 너무 몰라요. 요새는 다들 애들 교육에 얼마나 신경을 쓰는지 알아요? 어려서부터 영어 유치원은 기본이고, 배우는 것도 예닐곱 개는 많은 축에도 못 껴요. 그에 비하면 하나는 정말 하는 게 없는 편이라고요."

우리 엄마는 항상 이런 식입니다. 자녀 교육이 가장 중요하다고 생각하셔서 거기에 온통 매달리신다니까요. 얼마나 열심이신지 학원 문 앞까지 데려다 주고, 데려오고, 그런 일로 하루를 보내신답니다. 아이가 여럿이면 교육비도 많이 들고 제대로 뒷바라지도 못할 테니 자식은 하나만 낳아 정성스럽게 키우겠다는 생각에 하나만 나으셨다고 해요. 그 하나의 자식이 바로 저랍니다. 그래서 이름도 '하나'로 지었을까요?

저는 사실 엄마가 그렇게 열심이신 게 부담도 되고 힘도 듭니다. 엄마의 정성과 관심을 반으로 나눠 가질 형제가 있었으면 좋겠다는 생각도 자주 한답니다.

"나는 지금 하나에게 하는 것만으로도 도가 지나치다고 생각하는데.

아직 어린 초등학생에게 그렇게 많이 시키는 게 무슨 도움이 되겠어? 우리 어릴 땐 말이야, 냇가에서 물고기 잡고 멱도 감고, 산에 가서 토끼 사냥하면서 그렇게 놀았어. 학원 안 다니고도 이렇게 잘 살잖아? 자연에서 뛰노는 게 애들에게는 제일 좋은 공부야, 공부."

아빠가 이번에는 반찬 집던 젓가락을 상에 놓고 진지하게 말씀하십니다.

"답답하기는…… 당신은 딴 세상에 사는 사람 같다니까. 어디 지금이 옛날 같아요? 우리 어릴 때처럼 만날 놀기만 하다가 어떻게 다른 애들을 따라가요? 학원이나 유치원도 없던 우리 세대랑 비교하면 안 된다고요."

휴…… 또 시작이십니다. 우리 엄마 아빠는 교육 얘기만 나오면 서로 생각이 달라 이렇게 언쟁이 생긴답니다. 자녀 교육에 관한 것이니까 토론의 주인공은 분명 저이지만 저는 끼워 주지도 않아요. 아예 없는 사람처럼 잊어버리시는 것 같다니까요.

"다른 집은 기러기 아빠를 해서라도 애들에게 좋은 교육 환경을 마련해 주려고 난리인데, 당신은 너무 무심한 것 아니에요? 하나밖에 없는 하나, 잘 키워서 자기 앞가림은 하게 해 줘야죠. 그게 당연한 부모의 역할이고 의무 아니겠어요?"

엄마는 미리 준비한 대본이라도 읽는 것처럼 줄줄 읊습니다.

뭐, 이런 언쟁은 자주 있는 일이라 이제는 별로 신경 쓰지도 않아요. 두 분의 의견은 팽팽하게 맞서지만, 결국에는 항상 엄마의 승리랍니다. 당연하지요, 엄마의 큰 목소리와 끝까지 굽히지 않는 언변을 누가 이기겠어요?

"야, 갈치조림 이거 맛있는데. 이 맛 좀 더 감상하게 그만 밥 먹읍시다, 응?"

제 말이 맞죠? 아빠가 딴 데로 말을 돌린다는 건 엄마에게 졌다는 표시거든요. 이번에도 아빠의 교육관은 뜻을 펼치지 못하고 갈치조림에 묻혀 버렸어요.

하긴 저녁이나 맛있게 먹는 게 남는 거예요. 의견 강한 우리 엄마와 얘기해 봤자 다리에 쥐만 날 뿐이니까요.

"참, 하나야! 너도 알다시피 엄마가 애써서 비용 마련한 거니 한 달 동안 부지런히 배워야 한다. 외국인하고 대화도 많이 해 보고 말이야. 알았지?"

엄마는 벌써 짐을 싸서 떠나기라도 하는 것처럼 말씀하십니다. 이제야 제가 옆에 있다는 것이 생각나셨나 봐요.

어학연수는 제가 가는 것인데 그걸 두고 엄마 아빠끼리만 티격태격, 그리고는 엄마의 일방적인 결정. 우리 집은 늘 그런 식이랍니다.

저는 엄마의 생각이 맞는 것 같기도 하고, 그렇지 않은 것 같기도 합니다. 사실 잘 모르겠어요. 제 친구들도 모두들 이렇게 사는데, 그렇다면 이게 맞는 거겠지요? 모두들 그러니까……

우울한 내 인생

 교육의 목적은 기계를 만드는 것이 아니라. 인간을 만드는 데 있다.

-루소

1 엄마 마음대로만

꼭 필요한 것만 넣은 것 같은데도 가방이 너무 무겁습니다. 나는 다시 한 번 빠진 것은 없는지 살펴보고 책가방의 지퍼를 닫았습니다. 오늘은 6교시를 하는 날입니다. 방과후 글짓기 수업까지 끝내면 4시가 넘습니다. 그러면 그 다음엔 플루트 레슨이 있고, 영어 학원을 다녀와선 학습지 선생님의 방문 수업이 있습니다. 저녁 먹은 후엔 전화로 영어 선생님과 몇 분간 통화를 하고, 숙제를 끝내고 잠자리에 듭니다. 이것이 오늘의 내 일정입니다. 6교시가 있는 목요일이 일주일 중 제일 바쁘고 힘든 날입니다. 아침부터 하루 일과를 생각하니 한숨이 절로 나왔습니다.

'유난히 어깨도 아프고 피곤한 기분이 드는걸. 딱 오늘 하루만이라도 쉬고 싶다.'

"엄마, 저 있잖아요……."

"하나야, 4시까지 엄마가 교문 앞으로 갈게. 선생님이 지난주에 빠진 레슨을 오늘 보충해 주신대. 글짓기 수업 끝나자마자 빨리 뛰어나와야 해. 음악 학원에서 시간이 길어지면 다음 수업이 늦어지니까, 알았지?"

내가 말을 채 꺼내기도 전에 엄마가 빠른 속도로 용건을 전했습니다. 너무 열심이신 엄마 앞에서 나는 더 이상 말을 할 수 없었습니다. 아빠가 그렇듯이, 나도 엄마의 말에 설득당할 것이 분명하기 때문입니다.

"알았어요……."

하루만 모두 빼고 쉬면 안 되겠느냐는 말을 하려던 내 입은, 웅얼웅얼 알았다는 대답만이 나왔습니다.

"참, 약 먹어야지."

엄마가 그릇에 한약을 데워 주십니다. 성장기 어린이의 키를 크게 하고 머리도 좋아지게 하는 약이라며 한의원에서 지어 오신 것입니다. 나는 쓴 것을 꾹 참고 단숨에 약을 들이켰습니다. '어서 키가 컸으면, 머리도 더 좋아졌으면……' 하고 속으로 기대하면서 말입니다.

내 키는 또래에 비해 좀 작은 편입니다. 특히 내 친구 지수에 비하면 훨씬 작습니다. 애들은 머리 하나가 더 큰 지수와 내가 같이 다니는 모습을 보고 자주 놀립니다. 콩과 콩나물 같다면서 말입니다. 나는 콩만큼 작고 지수는 콩나물처럼 키가 큽니다.

'나도 지수처럼 콩나물이 되었다면…….'

지수는 또 공부도 잘합니다. 시험을 보면 거의 백점을 받습니다. 나는 아주 못하는 축은 아니지만, 아주 잘하지도 못합니다. 그것이 사실은, 키가 작다는 것보다 더 크게 엄마를 속상하게 만드는 이유입니다.

엄마는 내가 뛰어나게 잘하길 기대하십니다. 나도 그러고 싶습니다. 엄마가 생활비를 아껴 내 학원비를 내주시며 매일 날 위해 애쓰는 모습을 보면, 엄마의 기대보다 더 잘하고 싶습니다. 그렇지만 노력해도 실력은 빨리 늘지를 않습니다. 나도 매우 속상합니다.

지수를 보면 참 부러운 생각이 듭니다. 키도 크고 공부도 잘하

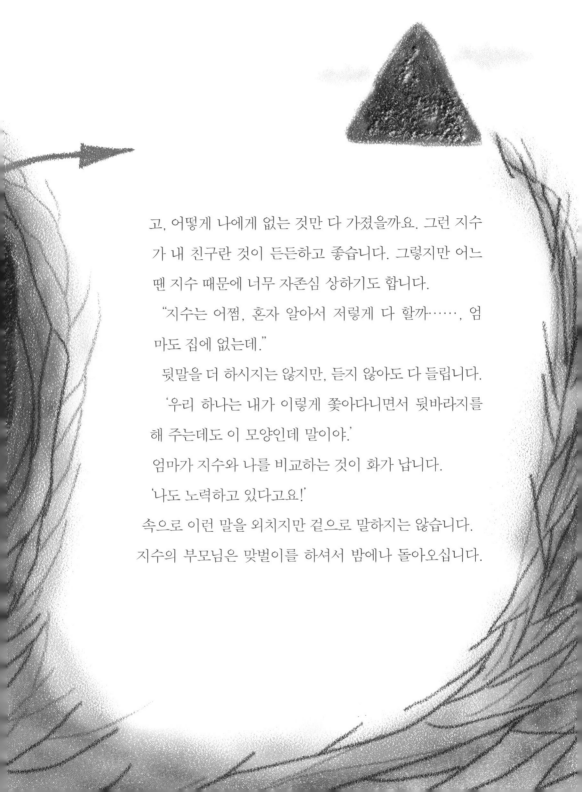

고, 어떻게 나에게 없는 것만 다 가졌을까요. 그런 지수
가 내 친구란 것이 든든하고 좋습니다. 그렇지만 어느
땐 지수 때문에 너무 자존심 상하기도 합니다.

"지수는 어쩜, 혼자 알아서 저렇게 다 할까……, 엄
마도 집에 없는데."

뒷말을 더 하시지는 않지만, 듣지 않아도 다 들립니다.

'우리 하나는 내가 이렇게 쫓아다니면서 뒷바라지를
해 주는데도 이 모양인데 말이야.'

엄마가 지수와 나를 비교하는 것이 화가 납니다.

'나도 노력하고 있다고요!'

속으로 이런 말을 외치지만 겉으로 말하지는 않습니다.

지수의 부모님은 맞벌이를 하셔서 밤에나 돌아오십니다.

그래서 지수 혼자 집에 있게 할 수 없어 종합 학원을 보내는데, 엄마는 지수가 다니는 보습 학원에 나도 같이 보내고 싶어 하십니다. 분명히 그 학원을 다녀서 지수가 잘하는 것이라고 말입니다. 나에게는 지금 하고 있는 것도 벅찬데 말입니다.

'지수처럼 키가 크자, 지수처럼 공부 잘하자, 이 한약을 먹어서 그렇게만 된다면……' 하는 마음에 나는 쓴 것도 모르고 벌컥벌컥 마셨습니다.

"다녀오겠습니다."

무거운 가방을 어깨에 지고 현관을 나섰습니다. 하루 일정이 빡빡한 오늘, 하늘은 내 마음도 모르고 맑게 빛납니다. 내 기분은 장마 전의 축축함, 그것인데 말입니다. 벌써 비를 흠뻑 맞기라도 한 듯 젖은 솜뭉치가 되어 무겁게 걷는 발걸음, 내 불쾌지수는 백입니다.

2 내 단짝 지수

"하나야!"

아, 저기 지수가 손을 흔듭니다. 방금 전까지 지수를 시샘하며 쓴 약을 삼키던 마음은 사라지고 얼굴에 웃음이 떠올랐습니다.

"지수야!"

나도 지수의 이름을 부르며 가방이 무거운 줄도 모르고 뛰었습니다. 내 단짝 친구 지수, 가끔 내 기분을 초라하게 만들기도 하지만 나는 지수가 참 좋습니다. 지수를 보니 불쾌지수 백이 반쯤 깎

여진 것 같습니다.

"너 머리핀 예쁘다. 엄마가 사 주셨어?"

지수가 나를 보자마자 물었습니다.

"응, 어제 마트에서 엄마가 골라 주셨어. 어때, 잘 어울려?"

"너네 엄마는 그런 것도 골라 주시는구나. 좋겠다. 우리 엄마는
그럴 시간이 없는데……"

지수가 부러워하며 나를 바라봤습니다. 지수의 엄마는 일이 바
빠서 지수에 관한 일을 봐 줄 시간을 잘 못 내신다고 했습니다. 지
난번 운동회에도 엄마 대신 할머니가 오셨습니다. 나는 우리 엄마
가 지나치게 내 일에 대해 간섭하는 게 불만인데, 지수는 도리어
그런 나를 부러워하다니……, 원래 사람들은 서로 자기에게 없는
것을 갖고 싶어 하는가 봅니다.

우리는 새로 바뀐 짝 이야기, 학원에서 있었던 일들, 새로 들은
연예인 소식들을 주고받으며 교실로 들어갔습니다.

"어이, 콩과 콩나물! 너네는 이제 아침에도 만나서 오냐?"

기범이가 보자마자 시비입니다.

"너네 둘 사귀는 거 아냐?"

장난스런 눈빛을 보내며 한술 더 뜹니다.

"그래, 우리 둘이 사귄다, 어쩔래?"

나는 고개를 쳐들고 한마디 톡 쏘아붙였습니다. 흥! 저런 장난꾸러기 기범이에 비하면 나의 새로운 짝 윤호는 참 괜찮은 아이입니다. 까불거리고 매일 친구들이나 놀리는 기범이에 댈 바가 아니죠. 말수도 적고 남자답기도 하고, 무엇보다 여자애들을 괴롭히지 않습니다.

남자 애들은 왜 꼭 여자들에게 장난을 거는지 모르겠습니다. 우리 선생님은 그게 다 '상대를 좋아한다'는 것의 표현이라고 웃어 넘기는데 도무지 이해할 수가 없습니다. 좋아하면 더 잘해 줘야지, 왜 괜히 건드리고 시비를 거냐고요.

'가만, 혹시 선생님의 말씀이 맞는다면 윤호는 나에게 관심이 없는 걸까?'

윤호는 나에게 말도 잘 안 걸고, 괴롭히는 건 더더욱 하지 않으니까 말입니다.

'정말 선생님의 말씀이 맞는 것이라면, 윤호가 날 좀 괴롭혀 줬으면 좋을 텐데…… 아이 참, 난 무슨 생각을 하는 거야?'

나는 윤호를 흘끗 보며 괜한 생각을 털어 버리려고 머리를 흔들었습니다.

"하나야, 너 정말이야? 방학 때 미국 가?"

예진이가 내 자리로 뛰어오더니 눈을 크게 뜨며 물었습니다.

"으응, 그렇게 됐어."

지수에게 말을 전해 들었을 예진이에게 내가 얼버무리며 대답했습니다.

"미국에 누구 살아? 그런 거야? 어떻게 가게 됐는데?"

평소에도 '미국에 꼭 한 번 가 보고 싶다'고 말하던 예진이가 쉬지 않고 물었습니다. 엄마가 영어를 배우라고 보내 주는 것인데, 예진이는 여행이라도 가는 것으로 생각하나 봅니다.

"핏, 난 그깟 미국은 벌써 몇 번이나 다녀와서 궁금하지도 않아. 우리 이모랑 삼촌, 외할머니, 다 미국에 계시거든. 그래서 나한테 미국은 그냥 국내 여행하는 기분이야."

예진이의 말을 듣던 은지가 끼어들었습니다. 은지는 잘난 척이 심해 아이들도 별로 좋아하지 않는 친구입니다. 꼬질꼬질한 옷을 입는다든가, 공부를 못한다든가, 좀 바보같이 구는 아이들이 '왕따'가 되곤 하지만 은지의 경우는 정반대입니다. 옷도 예쁘게 입고, 공부도 잘하고, 똑똑하고…… 그런데도 친구들은 은근히 은지를 따돌렸습니다. 은지의 지나친 자기 자랑 때문입니다.

솔직히 말하면 은지는 우리 반의 왕따입니다. 그렇지만 은지만 그 사실을 모릅니다. 아마 자기 자랑에 너무 빠져 사는 아이라 눈치 채지 못하는 모양입니다. 어쩌면 자기가 반 아이들 전체를 따돌린다고 생각하는지도 모릅니다.

아무도 대꾸를 하지 않자 은지가 말을 잇습니다.

"하나, 너는 영어 되니? 미국에 가면 미국 사람들이랑 말해야 할 텐데, 너 그 정도 돼?"

원래 그런 아이려니 하면서도 기분이 상한 나는 고개를 돌려 딴 데를 바라봤습니다.

"하긴, 겨우 동네 학원 다니면서 영어가 되겠어? 나는 어릴 때부터 데니네 집에 가서 배웠거든. 데니는 강남에서도 알아주는 유명한 영어 선생님이라고. 나하고는 아주 친해. 참, 나 이제부터 성악 학원 다닐 거야. 내 노래를 들어 본 성악가 선생님이 재능이 아주 뛰어나다고 한번 시작해 보자고 하셔. 휴…… 지금도 여덟 가지나 배우는데 더 바빠지겠어. 하지만 뭐, 내가 워낙 다 잘해서 어느 것 하나 뺄 게 없긴 해."

아무도 듣지 않는 수다를 은지는 길게도 늘어놨습니다.

"누가 알고 싶다니? 그렇게 바쁘신 몸, 네 볼일이나 보셔!"

예진이가 참지 못하고 한마디 쏘아붙였습니다. 제 자랑을 한참이나 풀었던 은지는 그것으로 충분했는지 발딱 일어서 제자리로 갔습니다.

"쟤는 참, 언제 봐도 밥맛이야."

은지가 가 버린 후 예진이가 중얼거렸습니다.

"뭐, 새삼스러운 것도 아닌데."

나도 예진이와 같은 마음이었지만 그 이상 말하지 않았습니다.

"영어 연수, 비용도 많이 든다는데 좋겠다."

"사실 혼자 프로그램에 참여하는 것은 좀 겁나는데, 엄마가 더 기대하고 있어서……."

"좋은 엄마 있어서 부럽다. 나도 커서 내 힘으로 꼭 가 볼 거야. 기다려라, 자유의 여신상아!"

3 선생님의 한숨

"탁! 탁!"

그때 교탁을 두드리는 소리가 났습니다. 수다를 나누느라 선생님이 들어오신 줄도 모르고 떠들던 아이들에게 신호를 보내는 것이었습니다.

아이들은 모두들 제자리로 돌아갔습니다.

"아직 한 달은 더 남았는데 너희들 마음은 벌써 방학이구나. 녀석들, 너무 해이해졌는데?"

선생님이 엄한 표정을 지으며 말씀하셨습니다. 하지만 우리는 압니다. 그 표정 또한 장난인 것을 말입니다.

우리 선생님은 아이들에게 한 번도 매를 들거나 소리를 지르시지 않습니다. 숙제도 많이 내주지 않고, 밖에서 뛰어노는 것도 공부라며 점심시간마다 나가도록 하는 분이었습니다. 우리 엄마는 선생님이 너무 숙제를 안 내주셔서 공부를 안 하게 된다고 불만스러워하셨지만 나는 우리 선생님이 좋습니다.

"그래, 너희들은 방학이 되면 무얼 하며 지낼 거냐?"

싱긋 웃으며 선생님이 물었습니다.

"학원 다녀야 해서 놀 시간도 별로 없어요."

"방학 특강 들으러 다녀야 해요."

"과학 교실 다니기로 했어요."

아이들이 제각각 대답하자 선생님의 얼굴이 살짝 굳어지는 것 같았습니다.

"저는 아버지와 같이 시골에 갈 거예요. 아버지 휴가 기간 동안 할아버지 농사를 거들어 드리려고요."

말수가 적은 윤호가 웬일로 한마디 했습니다.

윤호의 대답에 선생님의 얼굴이 조금 펴지는 듯했습니다.

"선생님은 말이다, 윤호의 방학 계획이 가장 맘에 든다."

그러면서 선생님은 아이들 한 명 한 명을 물끄러미 바라보셨습니다.

"너희들 얘기를 들으니 우리 어른들이 크게 잘못하고 있다는 생각이 드는구나. 그래서 선생님의 마음도 아프단다. 어린이는 어린이다운 교육 단계를 거쳐야 하는데, 지금의 너희들을 보면 공부하는 기계를 만들고 있는 것은 아닌지 걱정스럽구나."

방학 얘기에 들떠 있던 아이들은 갑작스레 무거운 분위기가 되자 멀뚱한 표정으로 선생님을 바라봤습니다.

"너희들도 컴퓨터 좋아하지? 컴퓨터 게임만 실컷 하고 살았으면 좋겠지? 새로 나온 휴대전화도 갖고 싶고 그럴 게다. 그렇지만 사람이 사람답게 살아야지 밤낮 기계만 붙들고 기계에 얽매여 살면, 그게 기계 부속품이지 어디 인격을 갖춘 인간이겠니?

사실 그런 것이 어디 너희의 잘못이겠니. 어른들이 돈만 알고 비싼 자동차와 비싼 아파트를 자랑하고 작은 권력만 가져도 으스대는 모습을 보였으니, 너희들이 어른에게 무엇을 배우겠니? 자식들도 그렇게 하라고 어려서부터 공부를 시키고 방학마저도 공부의 연장으로 보내니 참으로 걱정스럽다."

선생님은 큰 한숨을 내쉬고는 말을 이었습니다.

"학원보다 자연에서 더 큰 것을 배울 수 있단다. 그래서 아까 윤호의 대답에 선생님은 매우 기뻤단다. 바로 그렇게 자연 속에서 몸으로 체험하며 겪어 보는 것이야말로 생생한 교육이기 때문이지. 지금의 교육 현실을 루소가 보면 아마 선생님보다 더 큰 한숨을 내쉴 게다."

'루소라고? 루소라면 자연으로 돌아가라고 외쳤다는 그 철학자?'

위인 전집에서 한 번 본 기억이 났습니다. 내가 잘 이해하지 못해서 그런지 '자연으로 돌아가라'고 한마디 외친 것이 무슨 큰 업적이라고 위인 전집에 실렸을까, 의아했었기 때문입니다.

"황소는 우리나라 소……, 그럼 루소는 외국 소인가?"

기범이의 장난말에 아이들 모두가 웃음을 터뜨렸습니다. 사실 선생님의 무거운 표정에 다들 가라앉아 있었는데 기범이 덕에 깔깔대는 분위기가 되었습니다. 기범이도 이렇게 가끔 도움이 될 때가 있다니까요.

"그래, 이 녀석아. 루소나 피카소나 다 외국 소다."

선생님도 장난으로 대꾸하며 같이 웃었습니다.

"루소의 《에밀》이라는 책, 읽어 본 사람 없지? 좋은 책 좀 가까이 해라, 응? 맨 만화책만 좋아하지 말고 말이야."

당연히 그런 책을 읽었을 리 없는 우리들은 무언가를 기대하는 눈빛으로 선생님의 얼굴을 바라보았습니다. 선생님이 전해 주는 책 이야기는 항상 재미있기 때문입니다. 더구나 얘기에 빠진 핑계로 첫 시간 수업도 빼먹게 될 테니까요.

"《에밀》은 말이다, 에밀이라는 가상의 아이를 교육시키는 과정을 쓴 소설인데 모두 다섯 권, 5부작으로 돼 있단다. 연령층별로 나눠서 그 시기에 필요한 교육을 설명한 것이지. 소설이지만 그 의미가 깊어서 철학 책이라고 하는 것이 더 맞을 게다. 루소가 이 책에서 말하려고 한 것은 인간이 본래 가진 선한 마음을 되찾을 수 있도록 자연적인 교육을 시켜야 한다는 것이었지. 문명이 지나치게 발달하면서 본래의 선한 인간 본성이 악해진다고 봤던 거야. 자연 속에서 자연과 더불어 생생한 경험을 하며 자연스러운 성장을 해 나가기를, 그래서 인간의 본성을 되찾기를 바랐단다. 지금 선생님의 마음처럼 말이야."

여느 때보다 진지한 선생님의 말이 이어졌습니다.

"자연이야말로 너희들에게 가장 위대한 스승이란다. 국어·영어·수학, 이런 것을 배우는 것보다 더 중요한 것은 인간다워지는 것이지. 인간성의 회복, 이런 말 너희들도 들어 봤지? 지금 사회가 이렇게 악해진 것은 참된 교육을 하지 않아서라고 생각한단다. 선생님도 그것에 많은 책임감을 느끼고 있어. 이번 방학엔 꼭《에밀》을 읽어 보도록 해. 알았나?"

'어휴, 5부로 구성된 두꺼운 책을 어떻게 다 읽는담.'

그래도 내가 제대로 알지 못했던 내용을 선생님이 설명해 주시니까 이해가 되는 것 같았습니다. 하긴 괜히 위인전기에 이름이 오르겠어요? 뭔가 한 일이 있으니까 그렇겠지요.

루소는 어떤 사람인가

　루소(1712~1778)는 프랑스의 계몽 철학 시대의 철학자이자 에세이 작가이고 소설가라는 많은 직업을 가지고 있던 사람입니다. 또한 프랑스혁명의 표어인 '자유, 평등, 박애'에 지대한 영향을 끼쳤습니다. 《에밀》을 통해 교육 철학에도 엄청난 영향을 미쳤지요.

　《에밀》을 통해 어린 시절의 중요성을 강조했던 그 자신의 어린 시절은 어땠을까요? 부모님의 사랑을 받으며 학교 공부를 열심히 했을까요?

　그렇지 않았습니다. 루소가 태어난 지 얼마 되지 않아 어머니가 죽었으며 집안 형편이 넉넉지 못해 제대로 된 교육조차 받을 수 없었습니다.

　루소는 재판소 서기 견습생, 귀족의 시종, 급사, 조각가 견습공 등 이곳저곳을 떠돌아다녔습니다. 그러다 그는 우연히 바랑 남작의 부인인 바랑 부인을 만나 몇 년 동안 충분한 경제적 지원을 받게 됩니다. 이는 루소가 당시 프랑스 사회와 문명을 비판할 수 있는 지적 바탕을 형성하는 토대가 되었습니다.

　루소의 삶의 아이러니는 《에밀》 때문에 벌어집니다. 《에밀》은 루소의 대표작 중 하나이며 그의 이름을 널리 알리는 데 공헌한 책이지만 이 때문에 루소는 죽을 때까지 도피 생활을 하게 됩니다. 《에밀》이 파리 대주교로부터 불량 서적으로 유죄 판결을 받았기 때문입니다.

　《에밀》이 출판되자마자 가톨릭 교회의 신학자들은 한결같이 루소를 비난했습니다. 《에밀》이 기독교를 신앙 대상으로 삼지 않고 이성적 비판 대상으로 삼았다는 것이 그 이유였습니다.

루소의 저술 활동

　루소는 디종의 아카데미 현상 논문에 당선된 《학문예술론》으로 유명해지기 시작했습니다. 《학문예술론》에서 루소는 당시의 프랑스 사회와 문명이 학문과 예술에 의해 타락하고 부패한 것을 매우 날카롭게 꼬집고 비판하게 됩니다. 지나치게 인위적이며 현실에만 집착하는 학문과 예술은 인간은 물론이고 사회까지도 타락하게 만든다는 것이 그의 주장이었습니다.

　그렇지만 루소는 프랑스의 문명과 사회를 무조건 비판하기만 하지는 않았습니다. 자유로운 인간과 사회를 회복할 수 있는 방법도 함께 제시하고 있었기 때문에 그의 저술들이 가치 있는 것으로 평가받는 것입니다.

루소는 프랑스 근대 문명을 진단하고 치료하기 위해 가장 필요한 것을 교육과 정치라고 생각했고 《에밀》이나 《사회계약론》은 모두 인간의 공통 선을 바탕으로 삼아 자유를 실현하려는 목적을 가진 책들입니다. 말년의 저술들 《참회록》, 《루소, 장 자크를 재판한다》, 《고독한 산책자의 몽상》 등은 루소가 자기 자신을 되돌아보면서 쓴 책들이라고 할 수 있습니다. 이 책들에서도 루소는 여전히 프랑스의 전제주의, 근대 문명의 타락, 절대왕정의 부패 등을 맹렬히 비판하면서 인간의 본성으로서의 자유를 중시했고, 이러한 루소의 사상이 프랑스혁명(1789)의 정신적 기초가 되었습니다.

마음의 병이 생기다

 자연은 아이들이 어른이 되기 전에 어린이이기를 바라고 있다.
만약 이 순서가 바뀌면 우리는 설익어서 맛이 없고, 금방 썩어 버리는
설익은 과실이 된다.

                                                              –루소

1 마음의 병

아무래도 이상합니다. 요즘 계속 머리가 아픈 것이 말입니다. 가만히 있다가도 한쪽 뇌를 누가 꾹꾹 주무르기라도 하는 것처럼 아파 옵니다. 두통은 엄마에게나 있는 것인 줄 알았는데(두통이 심하다고 가끔 진통제를 드시던 엄마를 봐 왔기 때문에) 어린 나에게도 두통이라니.

혹, 유전일까요? 다른 병들도 유전된다고 하잖아요? 그래도 이렇게나 일찍 엄마를 따라하고 싶진 않은데 말입니다.

"하나야, 조금 있다 학습지 선생님 오시니까 문제집 다 풀어 놓았는지 확인해 봐."

엄마의 말을 듣자 두통이 더 심해집니다. 그러고 보니 엄마의 목소리를 들으면 더 머리가 아파지는 것 같습니다.

두통을 꾹 참으며 간신히 방문 학습을 마쳤습니다. 일주일에 한 번이지만 다른 공부들도 있었기 때문에 나의 하루는 매일 바쁩니다. 주말에 잠깐 개인 시간이 나는 것 말고는 줄줄이 해야 할 것투성이입니다. 아빠는 이런 나에게 회사 다니는 아빠보다 퇴근이 더 늦는다며 놀리듯 말씀하시지만, 안쓰럽게 보는 눈만은 감추지 못했습니다.

요즘 내게 나타나는 증세는 두통뿐이 아닙니다. 자고 일어나면 베개에 머리가 한 움큼씩 빠져 있어, 이렇게 빠지다가는 대머리가 되는 게 아닐까 걱정이 될 정도입니다. 이런 걱정을 엄마에게 말하면, 다른 집 아이들은 학원을 몇 군데나 더 다니는데도 아무 소리 없는데, 왜 너만 힘들어 하느냐고 하실 것입니다.

그러던 어느 날이었습니다.

"머리 좀 묶지, 이 더위에 왜 그렇게 치렁치렁 늘어뜨리고 다니니? 고무줄 가져와 봐, 엄마가 묶어 줄게."

고학년이 되면서부터 머리 감기나 머리 손질하는 것을 혼자서 해 왔습니다. 때문에 오랫동안 엄마 손이 내 머리에 닿지 않았었습니다. 그런데 오랜만에 엄마가 머리를 빗겨 준다니 기분이 좋았습니다. 나는 얼른 고무줄을 들고 엄마 무릎 앞에 앉았습니다.

　"우리 하나 머리 많이 길었네. 미장원에 가서 좀 잘라야겠다. 어머나, 그런데 이게 뭐니?"

　내 머리를 빗질하던 엄마가 깜짝 놀라며 소리를 질렀습니다. 같이 놀라서 바라보는 내게 엄마가 말했습니다.

　"아니, 언제 이런 게 생긴 거야?"

　엄마는 너무나 놀란 얼굴로 내 머리 속에 동전만 하게 빈 곳이 생겼다며, 원형탈모증인 것 같으니 당장 병원에 가자고 하셨습니다.

　저도 덜컥 겁이 났습니다.

　'예전에 뉴스에서도 본 적 있지만 원형탈모라면 징그럽게 머리 속이 훤히 드러나는 그거 아냐?'

　머리카락이 많이 빠지는 게 이상하다고 생각했지만 이렇게까지 된 줄은 몰랐습니다.

　엄마와 나는 서둘러 피부과를 찾았습니다. 내 머리를 살펴본 의사 선생님은 스트레스성이라고 하면서 머리에 주사를 맞고 약을

먹으라고 했습니다.

"요샌 어린이 탈모나 원형탈모 증세가 많아
요. 애들에게 과도한 부담을 주고 이것저것 많이
시키니까 스트레스로 인해 이런 병이 오는 겁
니다. 푹 쉬게 하시고 꾸준히 치료 받으세요.
그러면 다시 머리카락이 날 겁니다."

　의사 선생님의 말씀에 엄마는 한숨을 푹 쉬
면서 진료실을 나왔습니다. 나는 머리에
주삿바늘을 꽂는 것이 무서웠지만 흉한
　모습을 빨리 치료해야 한다는 생각에

꾹 참았습니다. 기범이가 내 꼴을 봤다면 분명 '백 원짜리'라거나 '땜빵'이라고 놀릴 것이 뻔했기 때문입니다. 머리카락이 길어서 안 보일 테니 그나마 다행이었습니다.

내가 친구들에게 어떻게 하면 안 들킬까를 생각하는 동안, 엄마는 나보다 더 생각이 복잡한 것 같습니다. 의사 선생님이 모든 걸 중지하고 쉬도록 해야 한다고 말했던 것 때문일까요?

"하나야, 너 그렇게 힘들었니? 이런 게 생길 만큼 힘들었던 거야?"

엄마는 공부를 너무 많이 하게 했던 것이 미안하다는 것인지, 학원을 쉬는 게 걱정된다는 것인지, 잘 분간할 수 없는 표정으로 말했습니다.

"어쨌든 휴식이 제일 중요하다니까 당분간은 다 쉬자. 그렇지만 그동안 할 게 많이 밀릴 텐데……."

"엄마, 다 그만두기는 좀 그러니까 플루트랑 방과후 교실만 쉬어 볼게요. 나머지는 다른 애들하고의 진도도 있어서 빠지면 안 될 것 같아요."

엄마의 말에는 학원을 쉬는 것이 더 염려스럽다는 뜻이 담겨 있는 것 같았습니다. 엄마의 바람을 알면서도 모른 체할 수는 없었습니다.

'아무렴, 나는 속 깊고 조숙한 외동딸이니까……'

또 날이 밝았습니다. 방학을 기다리기 시작한 그날부터 뇌가 욱신거리는 증세는 아침마다 계속됐습니다. 특히나 하기 싫은 걸 억지로 할 때면 어김없이 머리가 아파 왔습니다. 날이 밝고, 눈을 뜨고, 하루가 시작되는 것이 행복하지 않았습니다. 종일 돌아다니며 배워야 할 것들…… 그나마 두 개를 빼먹게 됐지만, 나머지도 편하지는 않았습니다. 그런 생각을 하니, 몸의 여기저기가 다 아픈 것처럼 느껴졌습니다. 아니, 정말이지 아팠습니다.

"하나야, 어서 씻고 학교 갈 준비해야지."

엄마가 부르는 소리가 들리는데도 일어나지지가 않았습니다.

"하나야, 어서 일어나라고!"

움직이는 소리가 들리지 않자 엄마가 방문을 열었습니다.

"엄마, 오늘 저 아파서 못 갈 것 같아요. 머리도 아프고 속도 울렁거리고, 배도 아파요……."

기어 들어가는 소리로 대답하자 엄마는 이마를 짚어 보았습니다.

"정말 많이 아픈 모양이구나. 아무래도 학교는 못 가겠는데……. 일단 병원에 갔다 오자. 우리 하나가 요즘 왜 이렇게 몸이 약해졌을까?"

엄마는 이 말을 남기며 방을 나갔습니다. 선생님께 전화하는 목소리가 들리고, 조금 뒤 채비를 마친 엄마와 나는 병원을 찾았습니다.

"몸에는 아무 이상이 없습니다."

한참 동안 진찰을 하신 의사 선생님이 말했습니다.

"아니, 이렇게 몸이 아프다는데 이상이 없다니요?"

엄마가 믿을 수 없다는 표정으로 의사 선생님께 물었습니다.

"일종의 마음의 병이죠. 심하게 스트레스를 받는 경우 몸으로 그것이 표출되기도 한답니다. 신경성이지만 실제로 몸이 아프게 되지요. 신체 기능에 문제가 생겨 병이 나는 것이 아니라 마음으로 인해 몸 여기저기 통증이 생기는 것입니다. 이런 때는 편히 쉬는 것이 제일 좋은 치료 약입니다. 아이의 마음에 어떤 어려움이 있는지 심리 치료를 받아 보는 것도 권할 만하고요."

진료실을 나온 엄마의 얼굴은 지난번 피부과에서 나올 때보다 더 심란해 보였습니다. 피부과 치료만 잘 받으면 다 끝날 줄 알았던 제 상태가 생각보다 심각하다고 느끼신 모양입니다.

"선생님 말대로 이번에는 다 중지하고 푹 쉬자. 네 건강이 먼

저지."

엄마는 내 손을 잡고 집으로 향했습니다. 엄마와 나는 서로 아무 말도 하지 못했습니다.

그날 이후 나는 소원대로 모든 학원을 쉬게 되었습니다. 갑자기 학교가 끝난 후에 뭘 해야 좋을지 모를 정도로 시간이 넘쳤습니다. 학교를 갔다 오는 것 외에는 피부과와 심리 상담실만 다녀오면 되었습니다. 나머지는 의사 선생님의 조언대로 내가 하고 싶은 대로 하는 것이었습니다. 정말 자유로웠습니다.

엄마는 어떨지 모르겠지만, 나는 원형탈모증조차 고마웠습니다. 그게 아니었더라면 아직도 이 학원, 저 학원을 뱅뱅 돌고 있었어야 했으니까요. 그렇게 마음껏 뒹굴거리던 며칠이 가고, 드디어 방학이 시작되었습니다.

2 외삼촌의 방문

"그래? 초원이 구경시켜 주러 서울에 온다고? 아휴, 나도 초원이 얼굴 한번 보고 싶다. 그럼 있다가 오후에나 도착하겠구나? 길 잘 찾아서 와라."

마루에서 엄마가 전화 받는 소리가 들렸습니다. 초원이라면 외삼촌의 아들…… 그러니까 나와 외사촌지간이 되는 남자 아이입니다. 초원이와 내가 동갑이라는 사실만 알 뿐, 아기 때 둘이 팬티만 입고 같이 놀았다는 얘기만 전해 들었습니다. 그때의 기억이

나지 않기도 했지만, 난다 해도 별로 좋을 것은 없습니다. 아무리 어렸어도 팬티만 입고 놀았다니요!

초원이와는 만나 본 것이 대여섯 번 될까 말까, 할머니 칠순 잔치, 누구 결혼식, 이런 때가 아니고는 얼굴을 본 적이 없었습니다. 외삼촌이 7년 전에 귀농을 했기 때문입니다.

세 살 때부터 아토피가 생겼던 초원이를 낫게 하려고 여러 방법을 다 쓰다가 결국은 자연 속에서 키우기로 결심한 후, 외삼촌네 식구들은 모두 시골로 내려갔습니다. 서울에서 다니던 직장도 그만두고 온 가족이 강원도 산속으로 떠났을 때 엄마는 걱정을 많이 하셨다고 합니다. 도시에서 살던 사람이 어떻게 산골에서 살겠느냐며, 초원이가 크면서 점점 좋아질 테니 기다려 보라고 말입니다.

초원이는 신기하게도 산골 집으로 옮긴 후 아토피가 깨끗하게 나아서 옛날 모습을 찍은 사진은 믿기지 않을 정도가 됐습니다. 아니, 지금 모습이 믿기지 않습니다. 나도 사진으로 몇 장 봤지만, 어릴 때의 초원이는 얼굴이 온통 짓물러서 무서울 정도였으니 말입니다.

외삼촌은 자연 속에서 깨끗하게 나은 초원이를 보면서 자연으로 돌아가 자연과 함께 사는 것의 필요성을 몸으로 배웠다고 했습니다. 그래서 지금은 농사도 지으면서 '귀농운동본부'를 통해 귀농하려는 사람들에게 교육도 하고, 도움도 많이 주는 진짜 농부가 되셨습니다.

"하나야, 외삼촌이 초원이와 같이 우리 집에 온다는구나. 초원이도 방학을 했는데 서울에 있는 놀이동산을 꼭 한번 와 보고 싶다고 해서 하루 정도 짬을 냈대. 여름이라 농사일이 바빠 며칠 있지도 못한다는구나. 너도 초원이 오랜만에 보지? 같이 놀이동산 가서 재미있게 놀면 좋겠다. 스트레스도 확 날려 버리고 말이야."

엄마는 스트레스를 확 날려 버리라는 말에 유난히 힘을 주어 말했습니다. 그렇잖아도 그것을 핑계로 아무것도 안 하고 있는 데다 영어 연수 갈 날짜는 다가오니 은근히 걱정하시는 눈치입니다. '혹시 못 가게 되는 건 아닐까' 분명 그걸 염려하고 계실 것입니다.

"마중 안 나가도 돼요? 여기 지리 잘 몰라서 헤매면 어떡해요."

말을 딴 데로 돌리고 싶은 내가 괜스레 외삼촌 걱정을 했습니다.

"30년 넘게 여기 살았던 외삼촌인데 길을 못 찾겠니? 그나저나 외삼촌 오면 맛있는 거 해 줘야 할 텐데…… 시장부터 다녀와야겠다. 하나야, 문 잘 잠그고 있어."

엄마는 사이좋던 남동생이 오랜만에 온다는 소식에 귀찮은 기색도 없이 시장에 가셨습니다.

혼자 남은 나는 컴퓨터 게임을 할까 하다가 텔레비전을 켰습니다. 마침 좋아하는 만화를 할 시각이었습니다.

화면이 잘 보이지 않아 바로 앞에 앉아 보다가 아차 싶어 안경을 가져왔습니다. 그렇잖아도 좋지 않은 눈이 더 나빠지면 안 되니까 말입니다.

세상에서 제일 편한 자세로 소파에 드러누워 킥킥거리면서 만화를 보는 사이, 엄마는 부지런히 음식들을 준비했습니다. 평소 우리 식탁엔 잘 올리지 않는 특별 반찬을 하시는 모양입니다. 덕분에 오늘은 아주 맛난 걸 먹어 보겠네요. 이런 생각만으로도 외사촌의 방문이 기다려졌습니다.

외삼촌네가 도착한 것은 8시가 넘어서였습니다. 해가 길어서인지 밖은 어두워지지 않았지만, 늘 저녁을 일찍 먹던 나는 배가 등에 딱 붙을 지경까지 기다려야 했습니다.

3 외삼촌, 엄마를 이기다

"딩동······ 딩동······."

드디어 현관 벨이 울렸습니다.

"안녕하셨어요, 고모?"

초원이가 먼저 고개를 푹 숙이고 인사했습니다.

"우리 초원이, 정말 얼굴이 좋아졌구나. 이제 피부도 깨끗하고 아주 잘생겨졌는데."

엄마가 초원이의 모습에 감탄하며 첫인사를 건넸습니다.

"좀 늦었지, 누나? 고속도로에 차가 많더라고. 서울 가까이 오니까 어찌나 복잡한지…… 여기 떠난 지 오래돼서 이제 숨이 탁 막히는 것 같아. 내가 어떻게 이런 데서 살았나 싶어."

외삼촌은 현관에 들어서면서부터 숨을 몰아쉬며 답답해했습니다.

"외삼촌, 안녕하셨어요?"

내가 인사를 드리니 그제야 내가 보였는지 외삼촌이 웃으며 대답했습니다.

"아이고, 우리 하나가 몰라보게 많이 컸네. 이제 시집가도 되겠는걸, 허허."

"피이, 전 시집 같은 건 안 갈 거라고요. 자기 생활도 없고 만날 애들만 돌봐야 하고…… 전 그런 거 싫어요. 혼자 살 거예요."

내가 입을 삐죽 내밀며 뾰로통하게 말하자 엄마가 한마디 하셨습니다.

"너만 할 땐 다 시집가기 싫다고 말하더라. 하지만 그런 애들이 제일 먼저 결혼하던걸. 그리고 애들을 돌보는 엄마의 정성이 있었으니 너도 이렇게 큰 거 아니겠니?"

"누나처럼 말이지? 하긴 누나는 보통 열심인 엄마가 아니니까."

외삼촌이 칭찬인지 아닌지 헷갈리는 대답을 하셨습니다.

"아빠, 저 배고파요."

그때 초원이가 불쑥 말했습니다. 그러고 보니 나도 무척 배가 고팠습니다.

"아이고 참, 우리 얘기하느라 애들 굶길 뻔했구나. 어서들 앉아. 얼른 상 차릴게."

부산스럽게 저녁상을 펼치고 막 식사를 시작하려는데 아빠가 들어오셨습니다.

"어이, 처남. 오랜만이네. 그래 잘 지냈나?"

"네, 매형도 건강하셨지요?"

인사를 나눈 아빠와 외삼촌, 그리고 우리들은 상에 둘러앉아 평소 못 먹어 보던 엄마표 특식을 먹기 시작했습니다. 한참 배가 고프기도 한데다 엄마가 특별히 신경 써서 준비한 음식이라 그런지 꿀맛이었습니다.

매일 세 식구만의 단출한 상에서 조용히 밥만 먹던 때와 다르게 왁자하게 떠들며 밥을 먹으니 북적북적한 분위기가 싫지 않았습니다. 나는 늘 이렇게 식구가 많았으면 좋겠다는 생각이 잠깐 들었습니다.

맛있는 식사가 끝난 후 엄마가 뒷정리를 하는 동안 아빠와 외삼촌은 탁자에 둘러앉아 이런저런 얘기들을 나눴습니다.

"하나야, 초원이 심심할 텐데 같이 컴퓨터 게임이라도 하지 그러니?"

아빠가 멀뚱히 있는 초원이가 신경 쓰이는지 나에게 권했습니다. 나야 거절할 이유가 없습니다. 초원이 덕에 게임 제한 시간을 넘기도록 게임을 할 수 있게 되었으니 말입니다.

우리 둘은 마루에 연결된 인터넷을 켜고 내가 즐겨 하는 게임을 하기 시작했습니다.

그때 외삼촌이 의아한 목소리로 엄마에게 묻는 소리가 들렸습니다.

"그런데 이게 무슨 약들이야? 누나, 누가 아파?"

물을 마시러 일어섰던 외삼촌이 식탁 위에 놓인 약 봉지를 보며 하는 말이었습니다.

"으응, 하나가 원형탈모라나, 그런 게 생겨서 치료받는 중이야. 그것 때문에 학원도 지금 계속 쉬고 있다니까."

설거지를 마치고 고무장갑을 벗으면서 엄마가 대답했습니다.

"사실은 학원 갈 시간만 되면 몸이 여기저기 아프다고 해서 심리 치료도 받고 있는 중이라네. 스트레스 때문에 마음의 병이 몸으로 나타나는 것이라는군."

아빠가 초원이와 나에게 들릴 듯 말 듯 조용하게 덧붙였습니다.

"예에? 하나의 상태가 그 정도로 심한가요? 탈모까지 오고 심리 치료까지 받을 정도면 어린애가 얼마나 힘들었겠어요? 누나, 애한테 너무 많은 걸 시킨 거 아냐?"

외삼촌이 조금 흥분된 목소리로 엄마에게 따지듯 물었습니다.

"애는, 내가 뭘 많이 시켰다고 그러니? 하나가 하는 건 이 동네에서는 보통 이하야. 집으로 선생님이 매주 오고, 개인 교습도 대여섯 개씩들 받는다고. 나도 최소한으로 하려고 욕심을 많이 낮춘 거란다. 하나 나이에 해야 할 게 얼마나 많은데."

엄마가 준비라도 한 듯 줄줄 이유를 들었습니다. 아무렴, 엄마 말을 이길 사람은 없을 것입니다.

"이 안경도 하나 거야? 벌써 눈이 그렇게 나빠졌어? 하긴 요즘 세상에 애들이 눈 운동을 할 기회가 있어야지. 맨 가까이 있는 것만 들여다보니 말이야. 책에, 텔레비전에, 모니터에, 칠판에…… 멀리 있는 것도 좀 바라보고 그래야 시력이 나빠지지 않을 텐데, 참 문제야 문제……."

외삼촌의 대답은 엄마의 얘기에 딴청을 부리는 것 같았습니다.

학원 얘기하다가 눈이 문제라니?

"하나 얼굴빛을 좀 봐. 하얗고 창백한 것이 햇빛도 못 쐰 사람 같잖아. 만날 실내에만 있으니까 자연의 공기를 마시지 못해서 그렇지 뭐야. 자라는 애들의 발을 마음껏 놀리지도 못하게 집으로 학교로 학원으로, 그렇게 안으로만 다니니까 혈색이 건강하지가 않지."

"애는, 요새는 하얀 얼굴이 미인이야. 일부러 햇빛 직접 안 쐬려고 자외선 차단 크림에 모자까지 쓰고 다니는데 뭘. 하나도 얼굴이 새하얀 것이 예쁘지 않니?"

엄마는 외삼촌의 일리 있는 말에 밀리는 것처럼 보였습니다. 내 생각에도 외삼촌의 말이 틀린 것 같지 않아 엄마의 변명과 대답이 더 궁금해졌습니다.

"누나는 루소의 《에밀》도 안 읽어 봤어?"

외삼촌이 갑자기 《에밀》 이야기를 하자 내 귀가 번쩍 뜨였습니다.

'선생님도 말씀한 적이 있는 《에밀》을 외삼촌도 말씀하시네?'

컴퓨터 게임은 초원이 순서로, 내 눈은 모니터를 보고 있었지만, 계속 죽기만 하는 초원이의 게임에는 별 관심이 없었습니다. 대신 어른들이 하는 대화에 더 흥미가 생겼습니다.

"루소의 말에 따르면 하나는 지금 어린이 시기에서 소년기로 넘어가는 때라고. 어린이 시기의 소극적 교육에서, 이성 훈련과 지성을 가꾸는 데 힘을 쏟아야 하는 시기라는 거지. 하나는 이제 몸으로 직접 체득하는 경험을 해야 하는 나이야. 그런데 안에만 가둬 두어서야 되겠어?"

외삼촌의 말을 듣던 엄마가 한마디 했습니다.

"어째 《에밀》은 내가 가지고 있던 책인데 네가 더 많이 아는 것 같구나."

"누나 덕에 처음 루소의 교육 철학을 알게 되긴 했지. 그때는 그냥 그런가 보다 했는데, 초원이를 보면서 나야말로 몸으로 산 경험을 했어. '아이들은 자연 속에서 잘 큰다' 라는 사실을 말이야."

그렇게 심하게 아토피를 앓던 초원이가 증거라서 그런지 엄마는 다른 반대를 하지 못했습니다.

"처남, 자네 말에 나도 전적으로 동감하네. 애들이 자연에서 뛰어놀아야지 애답게 크는 거지, 원 지금처럼 공부만 시키다가는 제대로 인격이 형성될지 걱정이야. 우리 하나도 오죽 힘들었으면 저렇겠나?"

지금까지 조용히 계시던 아빠가 외삼촌의 말을 거들었습니다. 평소 아빠가 하던 얘기를 외삼촌이 해 주니 동지를 얻은 기분일 것입니다. 언제나 엄마의 말에 눌려 있던 아빠의 교육관이 되살아나는 듯했습니다.

"점점 더 도시가 넓어지고 기계 문명이 발달한 지금 같은 때에, 어떻게 자연적 교육을 한다는 거니? 공원이나 산에 가야 나무 좀 볼 수 있을까, 우리 어릴 때처럼 밖에서 놀 만한 자연 공간도 없는 게 현실이야. 또 놀 친구도 있는 줄 아니? 다들 학원에 간다, 방문 선생님 오신다, 그래서 같이 놀 만한 애들이 나오질 않는다고. 옛날 같다고 생각하면 안 돼, 애."

엄마가 역시 지지 않고 말했습니다.

"그러니까 더 문제지. 루소가 살았던 그때에도 말이야, 잘사는 상류층 사람들은 온갖 교육을 다 시킨다고 애들에게 선생을 붙였어. 어려서부터 수업 받는 것에만 시달리던 아이들이 어디 참된 인성을 기를 수가 있었겠어? 그걸 보던 루소는 안타까운 마음에 교육 철학을 담은 《에밀》을 쓰게 된 거지. 아마 몇백 년이 지난 지금도 루소의 시대와 많이 다르지 않을걸. 문명과 사회가 발달하면서 사람들의 정신은 도리어 피폐해지는 것 같아."

외삼촌은 힘주어 지금의 문제를 말했습니다. 외삼촌의 말을 들으면서 나는 공상 과학 영화의 장면이 떠올랐습니다. 기계가 사람의 일을 대신하는 미래 사회에서 사람들의 인간성은 더 악해지고 평화도 사라지게 되는 모습들 말입니다.

외삼촌이 걱정하는 대로라면 미래에는 정말 그런 사회가 될 수도 있지 않을까요? 왠지 무서운 기분이 들어 으스스 몸이 떨렸습니다.

"당신도 하나에게 너무 많은 걸 시키려고 하지 말았으면 좋겠어. 딸 하나라고, 하나를 그렇게 교육시키는 것이 옳은 것인지 생각해 보자고."

아빠가 여느 때보다 자신 있는 목소리로 말했습니다. 분명히 뜻을 같이하는 외삼촌이 있어서 그럴 것입니다. 나는 앞으로도 이 학원 저 학원 안 가도 될지 모른다는 기대에 속으로 외삼촌과 아빠를 응원했습니다.

'그래, 이 기회에 엄마가 내 뜻도 알아주었으면 좋겠다.'

내심 이렇게 바라고 바랐습니다.

"처음 귀농했을 때는 말이야, 사실 확신이 생기지 않았거든. 농촌에서 살던 애들도 교육 때문에 서울로 올라온다는데, 아토피 고치자고 시골로 가는 것이 잘하는 것일까 싶어서. 그런데 시간이 지날수록 초원이의 상태가 좋아지고 피부뿐 아니라 몸과 정신도 건강해지는 모습을 보니 정말 잘 결정했다 싶었지. 하나만이 아니라 요즘 애들 체력도 약해지고 왕따 문제 같은 것도 심각하고 그렇잖아. 누구 한 명을 '왕따' 시킨다는 건 정상적인 교육 과정을 거치지 않았다는 증거라고. 자신의 본성을 옳게 발달시켰다면 이런 현상이 생겼겠어? 왕따란 허영과 오만과 이기주의가 집단적으로 나타날 때 생기는 현상이니 말이야."

외삼촌의 말이 길게 이어졌습니다. 가장 관심 있는 얘기라서 그런지 하시고 싶은 말이 많았던 모양입니다.

"누나, 이참에 방학도 했으니까 하나를 내가 데려가면 어떨까?"

갑자기 생각난 듯 외삼촌이 제안했습니다.

"아니, 저 하나는……."

엄마가 머뭇거리며 얼른 대답을 하지 못했습니다.

"오, 처남 그거 좋은 생각인데. 자연에서의 교육, 그것만큼 좋은 것이 어디 있겠나. 하나에게 가장 기억에 남는, 도움이 많이 되는 방학이 될 것 같은데. 마침 초원이도 동갑이고 하니 심심치도 않을 테고 말이야."

엄마가 머뭇거리는 사이 아빠가 반색을 하며 얼른 대답하셨습니다. 나는 외삼촌의 제안에 귀가 솔깃해져서 당장 데려가 달라고 말하고 싶었습니다. 아무래도 한 달이나 미국에 혼자 가 있게 된다는 건 내키지 않았기 때문에 차라리 집을 떠나는 것이라면, 시골 외삼촌 댁이 훨씬 낫겠다는 생각이 들어서였습니다.

"하나는 영어 연수를 가도록 이미 계획이 돼 있는데…… 그거 보내 주려고 얼마나 애썼는데. 취소하기 곤란해 얘."

엄마가 안 되겠다 싶었는지 사실대로 말했습니다. 엄마의 대답에 외삼촌의 얼굴이 일순간 찌푸려졌습니다.

"누나도 참! 하나가 얼마나 학업에 스트레스를 받았으면 머리가 다 빠졌겠어. 거기다 외국엘 혼자 보낸다고? 누나 너무한 것 아냐? 가만, 이 문제는 우리가 얘기할 게 아니라 하나의 뜻을 물어보자."

그러면서 외삼촌이 내 이름을 불렀습니다. 이제까지 어른들의 얘기에 별로 신경 쓰지 않았던 초원이가 '하나의 머리가 다 빠졌겠냐'는 말에 내 얼굴을 흘끗 쳐다봤습니다. 머리카락으로 가려 있었지만 꼭 머리의 빈 곳이 들킨 것 같아 내 얼굴이 다 화끈거렸습니다.

"같이 가요!"

나는 구원자 같은 외삼촌의 발언에 더 생각할 것도 없이 얼른 대답했습니다. 외삼촌 집에 같이 가겠다고 말입니다. 엄마는 난감한 표정을 지으며 나를 바라봤지만 나는 엄마의 눈을 피했습니다.

결국 아빠와 외삼촌의 강한 주장과, 결정적인 나의 선택에 못 이긴 엄마는 외삼촌의 제안을 수락했습니다.

"방학이 얼마나 귀한 시간인데…… 이때 하지 않으면 실력이 떨어진단 말이야. 아휴, 모르겠다. 본인이 가겠다는데 내가 대신 살아 주는 것도 아니고, 네 맘대로 해."

마지막까지 엄마는 미련을 버리지 못하고 아쉬움을 숨기지 않은 채 말씀하셨습니다.

어쨌거나 나는 미국을 안 가도 됩니다. 야호! 그 생각을 하니 머릿속에 무겁게 가득 차 있던 비구름이 걷히는 기분이었습니다. 사실 얄미운 은지의 말이 틀린 것이 아닌지라 영어도 안 되고, 말도 안 통하는 나라에 가서 어떻게 지낼지 걱정스러웠는데 외삼촌이 나를 구해 줬습니다. 매우 신이 납니다.

"내일은 하나가 우리를 안내해 줘야겠구나. 서울은 하나가 전문

가니까 말이야. 놀이동산 다녀오고 바로 저녁에 출발하자. 외삼촌
도 가서 해야 할 일이 많거든. 이 외삼촌이 이래 봬도 유능한 농부
란다. 하하하……."

"그래, 하나야. 외삼촌 말대로 시골에서 재미있게 지내다 오너
라. 회사만 아니라면 아빠도 시골에 가서 한참 있다 오고 싶구나.
여름밤의 수박 서리, 참외 서리, 그땐 참 재미있었지."

"매형, 요즘엔 서리하면 도둑으로 처벌 받아요. 시골에 가시더라
도 그러면 안 됩니다. 하하."

"참 인심 야박해졌구먼. 책 도둑과 서리 도둑은 도둑도 아니었는
데 말이야."

아빠는 외삼촌과 이야기를 나누며 매우 즐거우신지 벌어진 입을
다물지 못했습니다. 처음으로 아빠의 주장이 엄마를 이겼다는 생
각에 기분이 좋아지셨나 봅니다. 물론 외삼촌의 주장에 엄마가 양
보한 것이므로 아빠 혼자의 승리는 아니었지만요.

4 놀이동산에 가다

다음 날이 되어 아빠는 일찍 출근을 하고, 초원이와 하나, 그리고 외삼촌은 놀이동산으로 향했습니다. 외삼촌이 아이 둘만 데리고 가는 것이 더 편하다고 한데다 동창회 모임이 있었던 엄마는 일행에서 빠졌던 것입니다.

엄마 아빠와 거의 해마다 오는 놀이동산이지만 특별히 외삼촌과 나서는 길은 더 신이 났습니다. 좀 어색하기는 했지만 외사촌인 초원이와 같이 가는 것도 나쁘지 않았습니다.

"야…… 정말 대단해요! 아버지, 저 저기 있는 놀이 기구 탈래요!"

놀이동산에 도착하자마자 눈이 휘둥그레진 초원이는 보는 것마다 타고 싶다고 난리였습니다. 농촌에선 이런 걸 구경도 해 보지 못했을 테니 그렇겠지요. 촌스럽기는…….

"하나야, 초원이 데리고 네가 같이 타라. 외삼촌은 어지럼증이 있어서 놀이 기구는 못 타거든."

"에이, 외삼촌 무서워서 그러시는 거죠? 우리 아빠도 회전목마밖에 못 타요. 그것도 눈을 꼭 감고 타신다니까요. 엄마가 그러는데 원래 남자들이 더 겁이 많대요. 외삼촌도 그런 거죠?"

내 말이 놀리는 것처럼 들렸는지 외삼촌은 너털웃음으로 넘기셨습니다.

"그래, 이 녀석아. 하나 네가 그렇게 용감하니 외삼촌이 다 든든해지는구나. 초원아, 무서우면 하나 손 꼭 붙잡고 타거라. 하하."

외삼촌의 말에 조금 자존심이 상한 표정이 된 초원이가 큰소리를 쳤습니다.

"가로등 없는 밤길도 혼자 다니는 저라고요! 까짓 놀이 기구가 뭐 무서워?"

초원이가 하도 자신 있게 말하기에 우리 둘은 눈에 제일 먼저 띄는 롤러코스터를 타기로 했습니다. 저 높은 꼭대기까지 철컥철컥 올라가서, 바닥으로 뚝 떨어진 다음 공중회전을 연달아 두 바퀴나 하는 것이었습니다. 이 놀이 기구는 이곳에 있는 것 중에서도 가장 무서운 것에 속했습니다.

첫출발부터 가무잡잡한 초원이의 얼굴이 하얗게 질리는 것 같았습니다. 까만 피부가 하얗게 보일 수 있다니 참 신기하죠? 자식, 큰소리는 쳤지만 천천히 하늘 위로 올라가는 것이 겁나긴 하나 봅니다.

머리가 웅웅 울릴 정도로 정신없이 공중을 돌고 나서 멈췄을 때, 초원이의 얼굴은 이제 하얀 것이 아니라 새파래져 있었습니다. 소리 한번 지르지 않고 타는가 했더니 아마 기절했었던 모양입니다.

거의 울 듯한 얼굴로 계단을 내려오는 초원이의 다리가 후들후들 떨리는 것이 보였습니다.

"괜찮아? 그렇게 무서우면 회전목마나 타지……."

초원이의 그런 꼴이 우습기도 하고 걱정도 되어서 내가 한마디 했습니다.

"흥! 무섭긴 누가 무섭다고 그래? 좀 어지러울 뿐이야."

바닥으로 내려오니 정신이 좀 들었는지 어느새 자존심 강한 초원이로 돌아와 맞받아칩니다.

"어때, 초원아, 재미있었니?"

기다리면서 사진을 찍어 주던 외삼촌이 얼른 다가와 물었습니다.

"저는 롤러코스터 타는 것보다 초원이 얼굴색 바뀌는 것 구경하는 게 더 재미있던걸요. 하얘졌다, 파래졌다, 다시 까매졌다…… 큭큭."

내 말에 외삼촌은 같이 웃었지만 초원이의 얼굴은 딱딱하게 굳어졌습니다. 나를 옆 눈으로 치켜 보는 모습이 좀 겁이 날 정도였습니다. 내가 너무 심한 농담을 했나요?

다음에도 계속 초원이는 고집을 부려 어지러운 놀이 기구(초원이 말대로라면)를 연달아 탔습니다. 처음 와 본 것인데 하나라도 빠뜨려서는 안 된다며, 나도 몇 번이나 갔으면서도 타 보지 못한 것까지 모조리 타고 나서야 만족해했습니다. 집에 돌아가면 동네 친구들에게 자랑할 생각인가 봅니다.

오후가 훨씬 넘도록 놀이동산에서 시간을 보낸 우리는 늦은 점심을 먹고 집으로 향했습니다.

껍질만 자랑하는 학문과 예술을 비난한 루소

　루소는《학문예술론》,《인간 불평등 기원론》,《달랑베르에게 보내는 편지》등에서 당시의 근대 사회와 인간의 본성을 대립되는 것으로 보고 이들 저술을 통해 유럽 문명을 매우 날카롭게 비판했습니다. 즉 유럽 문명은 인간의 본성을 희생시키고 지성적이며 피상적인 문화만을 발달시켜 왔다는 것입니다. 또한 근대 사회의 인간은 일면적인 지성에만 의존하여 인위적 요구만을 충족시키려고 해 결국 본래적인 의무를 망각하고 자연의 요구를 보지 못하게 되었다고 생각했습니다.

　루소는 이런 관점에서 근대의 예술과 학문을 비판했습니다. 예술과 학문은 인간의 근본적 요구의 표현이지만 근대 사회의 예술과 학문은 겉만 화려하고 번지르르하기 때문에 결국 오만과 허영심의 결과물에 지나지 않는다는 것입니다.

　학문과 예술은 인간의 기본적인 요구이지만 루소가 보기에 당시 프랑스 사회에서는 권력이나 돈을 가진 사람들이 자기 자신의 이기심

을 만족시키기 위한 단순한 수단으로 학문과 예술을 내세워 과시한
다는 것입니다.

사회와 인간성 상실

루소가 살았던 18세기의 사회는 왕과 귀족들의 권세가 매우 강했고
그만큼 귀족들의 사치가 극에 달했습니다. 백성들의 불만도 높아졌
으며 이런 상황에서 루소는 인간의 불평등은 어디에서 생겼고 인간
의 평등과 자유는 어떻게 회복할 수 있는지 그리고 인간의 본성은 과
연 무엇인지를 깊이 생각하고 그런 문제들을 실천적으로 해결할 수
있는 길을 찾으려고 애썼습니다.

루소가 보기에 당시 프랑스 문화는 찬란함의 극치에 도달했지만 참
다운 인간성은 사라지고 인간들의 관계도 한낱 피상적이고 외면적인
것으로 타락해 버렸습니다. 다시 말해 학문과 예술이 한낱 수단으로
전락함으로써 인간은 본성을 상실하고 자기 자신으로부터도 소외당
했다는 것이 루소의 주장입니다. 게다가 대부분의 사람들은 대중적
환상만을 최고의 가치로 여기고 외적 권위와 물질적 부유함만을 추
구하게 되었습니다. 한마디로 말해서 루소가 보기에 근대 사회는 도
덕적 삶이 파괴된 사회였습니다.

루소가 살았던 시기는 프랑스대혁명(1789)이 일어나기 바로 직전입

니다. 당시 왕과 귀족들 그리고 가톨릭의 고위 성직자들이 돈과 권력을 가지고 사회의 지배층을 형성하고 있었습니다. 따라서 농민과 노동자들은 물론이고 일반 자유 시민들도 왕과 귀족들의 독재에 염증을 느꼈던 것입니다. 특히 시민들과 함께 자유사상가들은 사회, 정치적 불평등과 속박을 깨뜨리려고 온갖 힘을 기울여 왔는데, 그 속에서 루소는 자유사상가들의 선봉 역할을 담당했다고 볼 수 있습니다.

혹시 여러분의 친구들 중 부잣집 아이들이 유명한 미술 학원이나 음악 학원에 다니면서 자랑하는 경우가 있습니까? 그 아이들이 재능이나 능력은 없지만 비싼 학원비를 내면서 이름 있는 선생님들한테 음악이나 미술을 배운다고 으스댄다면 그것이 진정한 예술이나 문화로 보이지는 않을 것입니다. 이렇듯 근대의 귀족과 왕이 예술을 그렇게 이용한 것이었습니다.

그래서 루소는 '자연으로 돌아가라'고 외치면서 인간의 참다운 본성을 찾아 자유와 평등을 사회에 실현하려고 했던 것입니다.

자연으로 돌아오다

 스스로 배울 생각이 있는 한, 천지 만물 중 하나도 스승이 아닌 것은
없다. 사람에게는 세 가지 스승이 있다. 첫째는 대자연, 둘째는 인간,
셋째는 사물이다.

-루소

1 시골에서의 첫날

'아, 상쾌해!'

일찍 눈이 떠진 아침, 바깥으로 나와 보니 물안개가 피어오르는 산의 모습이 너무나 근사했습니다. 주변은 온통 초록 물감만을 뿌려 놓은 것처럼 푸르고 푸르렀습니다. 색깔로는 그저 초록색이지만 보이는 나무의 모습은 단순한 초록색이 아니었습니다. 자연의 초록이 이토록 다양할 수 있다는 사실이 새삼 놀라웠습니다.

놀이동산에 갔던 어제, 우리는 미리 준비해 둔 짐을 외삼촌 차에

신고 바로 강원도로 출발했었습니다. 휴게소에 한 번 들른 후 내처 달리니 세 시간밖에 걸리지 않았습니다. 캄캄할 때 도착해서 바로 잠에 곯아떨어져서 첫날의 기분은 모르고 지나가 버렸습니다.

해가 밝아 오는 지금의 모습을 보고야 내가 집을 떠나 왔다는 사실이 실감났습니다.

"하나, 잘 잤니? 불편하진 않았어?"

내가 제일 먼저 일어난 줄 알았는데 외숙모는 어느새 일어나 부엌에 나와 계셨습니다.

"네, 공기가 너무 맑아요. 저 알레르기 비염도 있었는데 코가 뻥 뚫린 기분이에요. 서울 공기가 정말 답답하긴 한가 봐요."

"그렇지? 나도 처음에 여기 와서 공기 맑은 것에 제일 감탄했단다. 청량음료를 코로 마시는 것같이 시원하지?"

내가 고개를 끄덕이며 외숙모의 말에 대답하는데 외삼촌과 초원이가 보였습니다. 집에서보다 두세 시간은 일찍 일어났는데도 다들 나보다 빨리 나와 있었습니다.

"어디 다녀오셨어요?"

외삼촌은 대답 대신 바구니 가득 담긴 푸성귀들을 보여 주었습니다.

"서울에서 귀한 손님이 왔는데 특별히 싱싱한 것들로 상을 차려 줘야 하지 않겠어? 초원이랑 우리 밭에 다녀왔단다. 자, 밭에서 갓 딴 채소로 아침을 먹자꾸나."

저녁밥을 변변히 먹지 못하고 잠들었던 나는 갑자기 허기가 느껴져서, 밥 먹자는 말을 듣자 입 안에 침이 고였습니다.

외숙모가 끓여 내놓은 된장찌개와 외삼촌이 따 온 채소가 아침 반찬의 전부였습니다. 집에서는 손도 대지 않던 상추 잎이랑, 호박잎, 오이와 고추 같은 것들을 된장 하나만으로 먹는데도 참으로 맛났습니다. 입 가득 미어져라 쌈을 밀어 넣으며 우적우적 씹는 내 모습을 보고 외숙모와 외삼촌이 빙긋 웃음을 지었습니다.

"우리 하나, 굶고 살았나 보구나. 여기서 실컷 먹어라. 따도 따도 계속 돋아나는 것이 상추 잎이란다. 네가 먹을 만큼은 매일 새순으로 채워질 게다."

나는 입에 밥을 꽉 채워 물고 있었기에 웅얼웅얼 대답했습니다.

"너우 마터요(너무 맛있어요)."

외삼촌은 흐뭇한 표정으로 내가 밥 먹는 것을 지켜보다가 초원이에게 말했습니다.

"서울에서는 하나가 우리를 안내했지만 여기서는 초원이가 전문

가니까 하나를 잘 데리고 다녀야 한다. 냇물에서 물놀이도 하고, 네 친구들도 소개해 주고, 알았지?"

초원이가 알았다는 듯 고개를 끄덕였습니다.

아침상을 치우자마자 외숙모와 외삼촌은 밭으로 나가셨습니다. 한창 농사일이 바쁜 때라 한가한 시간이 없다고 하셨습니다. 두 분이 나간 후 초원이와 나는 마을 이곳저곳을 구경하고 다녔습니다.

전에도 엄마 아빠랑 강원도에 놀러 온 적이 있었지만 여행지를 주로 돌아다니는 것이어서 진짜 시골 분위기는 느낄 수가 없었습니다. 콘도에서 숙식을 하거나 사회 책에 나온 명승지를 찾아다니는 것이 목적이어서(엄마는 여행의 의미를 공부에 도움이 되느냐 아니냐에 두셨으니까) 농촌 생활이 어떤지는 책에서 본 것이 다였던 것입니다.

"되게 조용하다. 사람이 하나도 안 사는 동네 같아."

환한 대낮인데도 새소리만 가끔 들릴 뿐 아무 소리도 들리지 않자 이상한 기분이 든 내가 말했습니다. 우리 사는 동네는 베란다 문만 열어도 자동차 소리가 끊이지 않고 들리기 때문입니다.

"원래 이래. 더구나 지금은 다들 밭에 나가 있으니 떠들 사람이 없기도 하지. 나는 서울의 그 시끄러운 소리가 더 괴롭더라."

일단 답사하듯 동네를 돌아다니던 우리는 집으로 돌아와 차가운 지하수로 세수를 했습니다. 산에서 내려오는 물이라고 하는데, 그래서 그런지 냉장고 물처럼 시원했습니다.

출출해진 나는 외숙모가 정성껏 삶아 소쿠리에 담아 놓은 감자와 옥수수를 먹었습니다. 매미만이 지치지도 않고 울어 댈 뿐 아무것도 소리를 내지 않는 것 같았습니다. 나무들이 혹시 대화를 한다면 우리 동네보다 더 시끄러워지겠지요? 여기는 서울에 사는 사람 수만큼이나 나무가 많으니까 말입니다. 그런 상상으로 혼자 실실 웃다가 방으로 들어왔습니다.

덩그런 방에 있으려니 좀 심심한 생각이 들었습니다. 외삼촌 방으로 가서 나는 습관처럼 텔레비전을 한번 켜 봤습니다. 서너 개의 채널이 화질 나쁘게 나오고 있을 뿐 아무리 돌려도 만화는 나오지 않았습니다.

"초원아! 여기 만화는 몇 번에서 나오니?"

답답해진 나는 초원이를 불렀습니다.

 "만화라니? 텔레비전에서 만화 하는 건 오후에 잠깐 나오고 마는데…… 지금은 할 시간이 아니야."

 "너희 유선 방송 안 나와?"

 나는 믿을 수 없어 눈을 동그랗게 뜨고 물었습니다. 초원이는 나보다 더 눈을 크게 뜨며 무슨 소리냐는 듯이 되물었습니다.

 "유선 방송? 그게 뭔데?"

 "아이참, 지역 방송국에 돈을 내면 수십 개가 넘는 채널이 나오는 거 말야. 너네는 그것도 신청 안 했어?"

 '이 심심한 시간에 만화도 볼 수 없게 되다니…….'

 그런 생각에 나는 짜증이 좀 올라왔습니다.

 "우린 텔레비전 잘 안 봐. 아빠도 뉴스만 조금 보시고. 저녁에는 9시 전에 다 주무시거든."

 "현대인이 어떻게 텔레비전도 안 보고 사냐? 너 그럼 연예인 나오는 오락 프로그램 같은 것도 하나도 모르겠구나?"

 "그런 게 있었냐?"

 초원이의 어리둥절한 얼굴을 보자 더 화가 치밀었습니다.

 "정말 너랑은 대화가 안 된다, 이 촌뜨기야! 아무리 시골에 산다고 어쩜 그렇게 아는 게 없니?"

"뭐? 촌뜨기라고? 그러는 너는 서울뜨기냐? 흥! 바보상자에서 하는 거 조금 아는 게 자랑이냐? 나는 네가 모르는 것 더 많이 안다!"

내 말에 초원이도 지지 않고 맞섰습니다.

"네가 아는 게 뭔데? 응? 뭘 더 아냐고!"

"오이 따는 방법, 맵지 않은 고추 구별하는 방법, 개구리 잡는 방법, 그리고도 훨씬훨씬 더 많다, 뭐! 넌 그런 거 알아?"

'치, 그깟 것들. 내가 그런 걸 알 게 뭐람.'

초원이가 자랑하는 것들이란 게 하도 어이없어 나는 코웃음을 쳤습니다.

"그런 걸 알아서 뭐하니? 그걸 뭐에 쓰려고? 너는 그럼 플루트 불 줄 알아? 2차 방정식 풀 줄 알아? 논술 문제 잘 쓸 수 있어?"

내 말에 초원이가 약간 기죽은 표정을 짓는 것 같았습니다.

'흥, 그럼 그렇지. 내가 지수에 비해 못하는 게 좀 있을지 모르겠지만, 시골뜨기 초원이보다 못하겠어?'

"너야말로 그런 것 뭐에 쓰니? 나는 네가 아는 거 하나도 안 부럽다!"

초원이는 안 부럽다고 큰소리를 치면서 자기 방으로 가 버렸습니다. 속으로는 엄청 부러워할 거면서…… 초원이 저 녀석은 속마음과 말하는 게 영 반대인 것 같습니다. 지난번에 롤러코스터 탈 때처럼 말입니다.

텔레비전도 안 나오는 빈방에 우두커니 있기가 뭐해서 마루에 나와 걸터앉았습니다. 다리를 흔들며 앞산을 바라보니 아침에 보던 것과는 다르게 또 다른 초록빛이었습니다. 물안개도 다 걷혀서 햇빛 받는 잎사귀들마다 보석을 박은 것처럼 빛나고 있었습니다.

산을 보는 건 좋지만, 그것이 심심함을 채워 주지는 못했습니다. 조금 뒤 다시 따분해진 나는 초원이의 방을 흘끗 바라보았습니다.

"야, 네 방에 인터넷 되냐?"

기대하지 않는 마음으로 말을 걸었습니다.

"유선인가 뭔가도 안 되는 산골에 인터넷이 되겠냐?"

하긴 그랬습니다. 아무리 기대하지 않는 마음으로 물었어도 실망이 이만저만이 아니었습니다. 긴긴 방학 동안 이 산골에 콕 박혀서 뭘 하고 지내란 말이야, 그런 생각에 외삼촌을 따라나선 것이 후회되기 시작했습니다.

"너는 만화도 안 나오고 인터넷도 안 되는 집에서 뭘 하고 지내니? 안 심심해?"

나는 진심으로 초원이의 하루가 궁금해서 물어봤습니다. 학원을 몇 개나 다니고 텔레비전, 컴퓨터, 게다가 휴대전화까지 늘 끼고 사는 서울 친구들에 비해 초원이의 하루는 아무것도 하는 것이 없는 것 같아 보였습니다.

"심심? 그런 거 잘 모르겠는데. 밖에 나가면 놀 것이 얼마나 많은데. 냇가도 가고, 산도 올라가고, 친구들이랑 그렇게 다니다 보면 하루가 짧아. 그냥 집에만 가만히 있어도 하늘과 산, 모두가 내 친구들인데 뭐."

"그러시겠지……."

초원이 방에서 들려오는 대꾸를 들으며, 말해 봐야 무슨 소용이 있을까 싶었습니다. 초원이는 워낙 어릴 때부터 이곳에서 지냈으니 하나도 따분하지 않은가 봅니다.

2 저 구름 흘러가는 곳

그런 생각을 하고 있는데 갑자기 오줌이 마려웠습니다. 그러고
보니 외삼촌네 와서 화장실을 처음 가 보는 것입니다.

"여기 화장실 어디 있냐?"

"저 마당 오른쪽에."

나랑 대화가 잘 되지 않는다고 생각한 초원이가 손가락으로 마
당을 가리키며 시큰둥하게 대답했습니다.

슬리퍼를 신고 마당으로 나와 화장실이라고 알려 준 곳의 문을

열었더니, 세상에! 밑이 뻥 뚫려 있는 것이었습니다! 한 번도 사용해 본 적 없는 재래식 화장실! 나는 너무 난감해져서 문 앞에서 서성거렸습니다. 부모님과 놀러 갔을 때도 어쩔 수 없이 재래식 화장실을 가야 할 일이 생기면, 차라리 근처 숲 속으로 들어가서 볼일을 보곤 했었습니다.

'밑에 커다란 구덩이가 있는 곳에 차마 오줌을 쌀 수는 없지 않은가.'

시커먼 그 구멍 속에서 무엇이 불쑥 올라올 것도 같고, 똥을 싸면 한참 후에야 퐁! 똥물을 튀기며 떨어지는 것도 무서웠습니다. 더구나 그 고약한 냄새란!

'그런데 그런 재래식 화장실을 어떻게 가란 말이야? 한 번도 그래 본 적 없는데 앞으로 한 달이나 있어야 할 곳에 양변기 하나 없다니, 아! 어쩌란 말인가!'

아까 괜히 따라왔다는 후회가 살짝 들었는데, 이제는 정말 물밀듯이 후회가 몰려왔습니다.

'차라리 말 안 통하는 미국이 낫지, 거기는 최소한 깔끔한 변기라도 있잖아? 말 안 통하는 것보다 똥통이 더 무서워……'

나는 정말 괴로운 얼굴이 되어 화장실 문만 노려보고 있었습니다. 오줌보가 터질 듯이 가득 찬 것도 괴롭고 이 상황을 어찌해야 할지 모르는 것도 괴로웠습니다. 참다못해 초원이를 불렀습니다.

"여기 말고 어디 다른 화장실은 없니? 양변기 있는 그런 데 말이야. 나 도저히 저기는 못 들어가겠어……."

"화장실이 뭐 잡아먹니? 나는 의자처럼 앉아서 싸는 너네 화장실이 더 이상하더라. 그렇게 볼일 볼 때마다 물을 내리면 얼마나 물 낭비고 환경이 오염되겠어? 우리 아버지는 항상 그러셨어. 똥이 밥이 되는 거라고. 자연에는 버릴 것이 하나도 없다고 하셨어. 이 똥이 모이면 얼마나 좋은 거름이 되는데."

초원이의 잔소리 따위는 듣고 싶지 않았습니다.

"야! 누가 그런 거 알고 싶대? 급해 죽겠단 말야. 무슨 방법을 찾아 줘! 네가 이 집 주인이잖아. 손님을 이렇게 대접해도 되는 거야?"

다리도 펴지 못한 채 화장실 앞에서 동동거리는 나를 보며 초원이가 억지로 웃음을 참는 표정을 지었습니다.

"여기 우리 화장실은 깨끗해. 아빠가 지푸라기와 톱밥, 재를 뿌려 두었기 때문에 아주 잘 썩어 있거든. 냄새도 안 나. 걱정하지 말고 들어가도 좋아."

엎친 데 덮친 격으로 나는 똥까지 마려웠습니다. 오줌뿐이라면 초원이 몰래 뒷마당 어디에서 슬쩍 싸겠지만, 똥까지는 곤란했습니다. 도저히 참을 수 없어진 나는 울며 겨자 먹는 심정으로 화장실 문을 열었습니다. 화장실이라기보다는 뒷간이라는 이름이 딱 어울릴 그런 화장실로 말입니다.

양발을 벌리고 발판을 디디는 것이 겁나기는 했지만 초원이의 말대로 냄새는 나지 않았습니다. 외삼촌이 역시 잘 관리하고 있긴 한가 봅니다. 더구나 나는 너무 급했기 때문에 다른 걸 생각할 겨를도 없었습니다. 참고 참았던 볼일을 다 보고 나왔더니 초원이가 마루에 앉아 기다리고 있다 한마디 했습니다.

"내 말이 맞지? 다 우리 몸에서 나온 것들인데 뭐가 무섭고, 뭐가 더럽니? 옛날에는 서로 자기 집 뒷간에 와서 볼일을 보라고 했대. 거름이 흔하지 않았던 시절이라 똥만큼 좋은 거름이 없었다는 거야."

"휴…… 조금만 늦었으면 큰일 날 뻔했네. 네 말대로라면 내가 외삼촌 밭에 큰 도움을 준 게 되는구나? 그럼 밥값은 하는 거겠네?"

화장실 갈 때 마음과 나올 때 마음이 다르다는 것이 이런 건가 봅니다. 아까는 초원이 말에 짜증만 나더니 지금은 농담으로 받을 만큼 썩 기분 나쁘지는 않으니까 말입니다.

생각보다 참을 만했던 화장실에 다녀온 후 나는 마루를 굴러다니며 구름 구경을 했습니다.

물감으로 도저히 표현할 수 없을 정도로 아름다운 하늘색 하늘에 탐스런 구름 조각들이 떠다녔습니다. 한 방향으로 천천히 돌고 있는 구름을 계속 보고 있으려니 빙글빙글 머리가 도는 것 같았습니다. 지구가 돈다는 것이 이런 걸까요? 이렇게 도는 데도 땅이 흔들리지 않으니 참 신기한 일입니다. 하늘이 저런 색이 아니라 다른 빛깔이라면 우리가 부르는 하늘색도 다른 색이 되겠지요? 사람이 사용하는 것들도 사실은 자연에서 베껴 오는 것들인가 봅니다. 색깔 이름들도 다 그렇잖아? 하늘색, 오렌지 색, 황토색, 금색……

갑자기 철학자가 되기라도 한 듯 머릿속에 여러 가지 생각들이 떠올랐습니다. 그런 공상이 꼬리에 꼬리를 물고 떠올라 시간 가는 줄을 모를 정도였습니다. 초원이가 말하던 것이 이런 걸까요? 자연이 모두 친구이고 심심할 새가 없다는 것 말입니다.

"초원이가 우리 하나를 잘 안내해 주었나?"

밀짚모자를 쓴 외삼촌이 마당으로 들어서며 나를 보고 말했습니다. 그 뒤를 외숙모도 웃음 띤 얼굴로 따라오셨습니다.

"아버지, 어머니! 더운 데 고생 많으셨죠?"

초원이가 얼른 방에서 뛰어나와 반겼습니다.

"아버지, 하나가요 글쎄, 화장실을 못 가겠다고⋯⋯."

'무슨 남자 애가 그렇게 입이 가볍담. 창피하게 화장실 얘기까지
하려는 건 뭐야?'

초원이가 아까의 일을 막 꺼내려고 하자 내가 얼른 딴 데로 말을

돌렸습니다.

"외삼촌! 내일은 저도 밭에 데려가 주세요!"

"그래? 우리 하나가 외삼촌 일을 도와주려고 그러는구나? 허허, 그럼 내일은 새벽부터 나갈 테니 단단히 각오하고 있어라."

'나도 모르게 불쑥 나온 말일 뿐이지, 꼭 그럴 생각은 아니었는데…… 하지만 농촌에 왔으니 농촌 체험도 의미 있는 것이겠죠?'

그런 생각에 고개를 끄덕끄덕했습니다.

저녁에는 특별히 불고기가 상에 올랐습니다. 내가 온다고 외숙모가 일부러 1시간 거리에 있는 읍내 정육점에 가서 직접 사 오신 고기라고 했습니다. 이곳은 사람들이 모여 사는 아랫마을과도 좀 떨어져 있어 시장을 보려면 하루에 두 번밖에 없는 버스를 타거나 외삼촌의 트럭을 타고 1시간이나 나가야 한답니다.

"하나 덕분에 오랜만에 불고기를 먹어 보는구나. 여기는 푸성귀는 흔하지만 고기는 일부러 나가서 사야 하므로 자주 먹지는 못하지."

"저희는 길만 건너면 큰 마트가 있어서 필요한 건 뭐든지 살 수 있는데…… 시장이 멀어서 불편할 것 같아요. 화장실도 그렇고……"

나도 모르게 진심이 나와 버렸습니다. 저녁상 앞에서 화장실 얘기라니, 나도 참.

외삼촌과 외숙모가 준비해 주신 식사를 맛있게 끝내자 해가 저물기 시작했습니다. 외숙모가 낮에 따온 참외와 수박을 내오시는 동안 외삼촌은 모깃불을 피웠습니다. 무슨 마른 풀이랑 나뭇가지들에 불을 붙이시는데 매캐한 향이 피어올랐습니다.

"우리 엄마는 밤마다 전자 모기향을 켜 두시는데…… 외삼촌, 그건 뭘 태우시는 거예요?"

"회나무랑 삼나무 가지, 그리고 말린 쑥, 국화, 그런 것들이란다. 이런 것들에는 모기가 싫어하는 향이 있어서 자연적으로 모기 퇴치 약이 되지. 살충제나 인공 모기향에는 곤충뿐 아니라 사람 몸에도 해로운 성분이 있어 좋지 않을 거야. 이런 재료가 없으면 찻잎 찌꺼기를 모았다가 말려 태워도 된단다. 집에 가면 엄마에게 알려 드려라."

외삼촌은 농촌에서 살더니 아는 것이 더 많아지셨나 봅니다.

가까이에 다른 집들도 없고 가로등 같은 것도 없어 주변은 캄캄했습니다. 칠흑 같은 어둠이란 것이 이런 것일까요. 외삼촌 집에 켜 둔 전등 불빛만이 우리를 밝히는 조명의 전부였습니다.

나는 외숙모가 깎아 주신 참외를 한 입 베어 물었습니다. 원래 참외를 별로 좋아하지 않는데도 시장에서 사 온 참외와는 다른, 진짜 참외 향이 퍼졌습니다.

"참외가 이렇게 맛있는 과일이었네요. 전 참외가 오이 같아서 싫어했는데……."

"참외가 무슨 과일이냐? 채소지. 오이 맞아, 오이과 채소니까. 수박은 박과 채소. 넌 그것도 모르냐?"

옆에서 초원이가 퉁을 주듯 한마디 했습니다. 낮에 아는 것도 없냐고 했던 내 말에 복수라도 하는 모양입니다.

"도시에서 자란 하나는 모를 수도 있지. 초원이 너는 그런 걸로 면박을 주고 그러니?"

외숙모가 내 기분을 생각해서였는지 편들듯 말했습니다.

외숙모가 편들어 주지 않아도 나는 별로 신경 쓰지 않았습니다. 참외 맛이 좋아 먹기 바빴기 때문입니다.

"도시에서 자라는 애들은 자연과 너무 멀어져서 문제야. 루소가 자연으로 돌아가라고 열심히 외친 이유가 다 그런 것들 때문이지. 문명과 기계에만 물들어서 진정한 인간성을 잃게 되니까 말이야."

외삼촌이 모깃불을 한 번 더 뒤적거리고 오시면서 말했습니다.

"참, 외삼촌이 우리 엄마랑 그때 《에밀》 얘기를 하셨잖아요. 우리 선생님도 《에밀》은 꼭 한번 읽어 볼 책이라던데…… 외삼촌, 그 얘기 좀 더 해 주세요, 네?"

내가 조르는 것이 은근히 좋으셨는지 외삼촌은 자리에 앉아 바로 본론을 말씀하셨습니다.

"하나 수준이 높은데? 벌써 루소의 철학을 알고 싶어 하니 말이야. 루소의 가장 유명한 말이 뭐였을까? 그래, 자연으로 돌아가라, 이것이었지. 그런 말이 왜 나왔는지를 알아볼 필요가 있단다. 루소는 나이에 걸맞은 교육 과정이 필수적이라고 보았고 각각의 교육 과정은 고유한 특징을 가지고 있다고 생각했단다. 그런 교육을 하는 목적은 인간다운 인간, 바로 선한 본성을 유지하면서 이성적으로 생각하고 행동하는 바람직한 인간을 만들기 위한 것이었지."

옆에서 초원이도 관심 있는 눈빛으로 외삼촌을 바라보았습니다. 같이 듣는 학생이 또 있다고 생각하니 심심하지 않은 수업이었습니다.

3 자연 교육이 최고

"어린이 교육에서 무엇보다도 중요한 것은 인간 본성으로서의 선을 유지함으로써 사회와 문명의 악을 멀리하는 것이지. 어린이가 청소년으로 성장하면서 중요한 것은 자연이 아름답다는 사실과 함께 자연을 소중하게 사용할 수 있다는 사실을 아는 것이야. 그렇게 해야만 자연을 파괴하지 않고 자연 사랑을 간직할 수 있지 않겠니?"

"외삼촌이 초원이에게 바라는 것처럼 말이지요?"

내가 한마디 하자 외삼촌은 머쓱한 웃음을 지으며 대답했습니다.

"루소처럼 위대한 철학자는 아니어도, 그 비슷하게는 되고 싶긴 하다. 아직 멀었지만 말이야, 하하."

"아버지, 루소가 말했다는 인간다운 인간이란 바람직한 인간이고, 다시 말하면 선한 본성에 따라서 살아가는 인간인 것이겠죠? 그런 사람이라면 정말 이상적인 모습일 텐데, 그것이 문명사회에서도 가능할까요?"

불쑥 초원이가 물었습니다. 외삼촌의 말을 금방 이해하고 질문까지 하다니, 순간 나보다 한 수 위일지도 모르겠다는 걱정이 솟았습니다. 설마 촌뜨기 초원이보다 내가 못하지는 않겠지요?

"루소의 사상은 정말 이상적이고도 원대하다고 할 수 있어. 모든 어린이들이 루소의 생각대로 교육받는다면 그런 사회는 바람직한 이상 사회가 아니겠니? 그래서 루소는 문명인임을 벗어던지고 문명사회를 뒤집음으로써 이상적인 사회를 만들 수 있다고 생각했단다. 혁명가에 가까운 셈이지. 실제로 프랑스혁명에 루소의 사상이 많은 영향을 주기도 했고 말이야."

잠시 쉬었다가 외삼촌이 말을 이었습니다.

"루소가 살던 당시에는 부유하거나 권력을 가진 부모들이 자식들의 미래를 위해 학문과 예술을 학교 교육으로 시켰단다. 루소가 보기에 인간 본성을 멀리하고 돈과 권력을 목적으로 삼은 학교 교육은 형식 교육에 지나지 않았던 것이지. 지금의 모습도 사실 그때와 비슷하지 않니?"

"그렇긴 한 것 같아요. 우리 반에도 잘사는 애들은 학원을 더 많이 다니고, 좀 가난한 애들은 학원을 못 다녀요. 엄마가 자가용 가지고 학원마다 태워다 주는 그런 애들이 공부를 더 잘하는 건 사실이거든요. 그래서 우리 엄마도 엄마가 더 정성을 쏟아야 제 성적이 오른다고 생각하시나 봐요."

외삼촌 얘기를 듣다 보니 우리 반 애들이 생각난 내가 말했습니다.

"그러니 루소 시대나 우리 시대가 크게 다를 게 없다는 생각이 드는구나."

그때 가만히 듣고 계시던 외숙모가 하품을 하셨습니다.

"아이참, 내가 수업 분위기를 망쳤네. 미안하지만 나 먼저 일어날게요. 자, 루소 강의 열심히들 들어요."

외숙모가 우리를 향해 눈을 찡긋하면서 방으로 들어가셨습니다. 새벽부터 일어나 바쁘게 일하시느라 많이 피곤하신 모양입니다. 외삼촌도 그러실 텐데 내가 괜히 붙잡은 건 아닌지 걱정이 되었습니다.

"외삼촌도 주무셔야 되는 것 아니에요? 내일 또 할 일도 있으실 텐데……."

"그래, 사실 좀 피곤하기는 하구나. 원래 농부의 밤은 초저녁부터거든. 말이 나온 김에 조금만 더 얘기하고 들어가자. 아, 어디까지 말했더라?"

외삼촌은 내 걱정에 고마워하면서도 조금 더 얘기해 주시려고 했습니다.

"지나치게 인위적인 교육을 하는 게 문제라는 것까지요. 그런데 아버지, 루소는 그런 교육이 아니라면 어떤 것이 참된 교육이라고 했나요?"

외삼촌의 얘기를 잘 기억하고 있던 초원이가 선수를 쳤습니다. 내가 말하고 싶었는데, 에잇! 놓치고 말았습니다.

"루소가 《에밀》이라는 책에서 가장 중요하게 설명한 것이 바로 그 부분이란다. 교육 시기를 5단계로 나누어 말했는데, 아기가 이 세상에 출생해서 다섯 살이 되기까지의 과정이 교육의 첫 번째 과정이야. 이 시기에 아이들은 먹고 자고 배설하는 본능적 욕망만을 채우려고 하지. 그렇기 때문에 이때에는 본능적 욕망을 적절하게 충족하게끔 하는 것 이외의 다른 것은 없단다. 그것이야말로 교육인 것이지. 루소는 유아기의 아이들에게 회화를 듣게 한다든가 수학을 가르치는 것은 해롭다고 생각했단다."

내 생각에도 그게 맞는 것 같습니다. 너무 어릴 때라 기억이 분명하진 않지만, 나는 그냥 먹고 노는 것이 좋았던 것 같습니다. 엄마도 내가 아주 어렸을 땐 아무것도 안 시키셨는데…… 아기 때가 좋았지…… 아니지, 아기로 돌아가면 다시 커야 하니까 얼른얼른 자라서 어른이 되었으면 좋겠습니다. 빨리 어른이 되어서 예쁘게 화장도 하고, 엄마가 가진 옷 중에서 맘에 드는 어른 옷도 입고 싶습니다.

'그 파란색 원피스랑 꽃무늬가 있는 치마, 내가 입으면 잘 어울리겠지? 욕심 많은 엄마가 주실까? 엄마는 네가 크면 더 좋은 옷이 많이 나온다고 그러시는데, 아마 나 주기 싫어서 그러시는 걸 거야.'

외삼촌이 아기 때 얘기하니까 갑자기 이런저런 생각이 마구 가지를 쳤습니다.

"그럼 두 번째 단계에는 어떤 교육이 필요한데요?"

초원이의 말소리에 깜짝 정신이 들었습니다. 나는 암튼 잘나가다가 다른 생각으로 잘 빠지는 게 탈입니다.

"루소가 말하는 두 번째 교육 과정은 다섯 살부터 열두 살까지의 어린이 시기야. 요즘 심리학자들은 열두세 살이면 인간의 성격이 거의 고정된다고 하지만 루소는 청년기, 그러니까 스무 살까지는 인간의 교육이 필요하다고 보았단다. 루소는 형식에 얽매인 학교 교육을 반대했지. 왜냐하면 그런 교육은 인간의 선한 본성을 무시하고 사회의 악덕만을 가르쳐 주기 때문이지. 이 시기에 중요한 것은 감각, 사물 및 육체 훈련이란다. 사람은 시각, 청각, 촉각, 후각, 미각 이렇게 다섯 가지 감각을 가지고 있지? 이런 감각 기관을 적절히 발달시킬 때 자연에 걸맞은 감각 기능을 가질 수 있고 건강한 인간으로 성장할 수 있다고 했단다."

"우리 나이가 그럼 이 시기겠네요?"

내가 얼른 말했습니다. 한 마디라도 초원이보다 앞서 말하고 싶었기 때문입니다.

"그렇지. 그래서 너희들에게 필요한 것은 온 감각을 이용해서 자연을 느끼고 경험하는 것이란다. 하나에게 그걸 꼭 느껴 보게 하고 싶은 마음에 더 고집을 부려서 같이 온 것이지."

외삼촌의 말에 고개를 끄덕이며 내가 말했습니다.

"조금 불편한 것도 있긴 하지만 외삼촌을 따라오길 잘한 것 같아

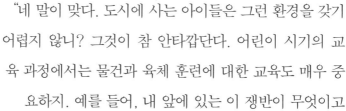

요. 이런 수업도 다 받고 말이에
요. 사실 컴퓨터를 오래 보면 눈도 침침
해지고 시력도 나빠지거든요. 제 눈만 보더
라도 다양한 발달을 하지 못하니 벌써 안경을
쓰게 되었나 봐요. 외삼촌 말씀처럼 먼 곳도 바라보
고 그랬으면 이렇진 않았을 텐데…… 자연에 맞게 감
각을 발달시키지 않으니까 눈도 고장이 나네요."

"네 말이 맞다. 도시에 사는 아이들은 그런 환경을 갖기
어렵지 않니? 그것이 참 안타깝단다. 어린이 시기의 교
육 과정에서는 물건과 육체 훈련에 대한 교육도 매우 중
요하지. 예를 들어, 내 앞에 있는 이 쟁반이 무엇이고

어떻게 사용하는지를 제대로 배워야 한다는 거야. 그건 곧 사물을
제대로 알고, 제대로 쓸 줄 알아야 한다는 거란다. 세상을 살아가
는데 물건의 용도와 사용 방법을 아는 것은 아주 중요한 것이니
까. 또 육체 훈련의 교육이란 바로 체육을 말한단다. 하나도
예쁜 얼굴이기는 하지만 얼굴색이 너무 하얗고 약간 살
이 붙은 것을 보면 운동 부족인 것 같은데?"
  "외삼촌! 숙녀에게 너무 심한 말씀이에요! 살
이 쪘다니!"
  초원이 눈길을 받고는 괜히 얼굴이
화끈해진 내가 외삼촌에게 소리쳤
습니다. 사실 제가 좀 통통하기는

하지만 그걸 공개적으로 말하는 건 너무했습니다. 더구나 사촌이지만 남자인 초원이 눈도 있는데!

"살이 쪘다는 게 아니고 살이 약간 있다고 했지. 어쨌거나 심기를 건드렸다면 미안, 아가씨……."

외삼촌이 농담처럼 나를 위로했습니다. 솔직히 운동을 별로 좋아하지도 않지만, 운동을 할 시간도 없긴 합니다. 겨우 주말에야 인라인 스케이트를 타거나 자전거를 타는 정도니까 말입니다. 학교 다닐 때는 시간을 아껴야 한다며 엄마가 차로 데려다 주고 데려오고 그래서 많이 걷지도 못합니다. 지수처럼 키가 크는 것은 물론 날씬해지고 싶기도 했습니다.

"어쨌거나 루소가 말하는 가장 중요한 점은 그것이야. 인위적인 교육을 버리고 자연 안에서 자신의 감각과 육체를 충분히 발달시키라는 것 말이다. 그러기 위해 농업이나 철공업, 목공 일 같은 걸 배워야 한다고 했지."

"외삼촌 얘기를 듣다 보니까 초원이가 에밀 같은데요? 보세요, 얼굴도 햇빛에 그을어서 가무잡잡하고, 팔다리도 튼튼하고, 외삼촌 따라 밭일에도 나가고…… 자연 속에서 혼자라도 아주 잘 살 것 같아요. 무인도에 떨어지게 되더라도 말이에요. 로빈슨 크루소처럼."

아까 나만 살쪘다는 놀림을 받은 것 같아 약간 비꼬는 듯이 내가 한마디 했습니다.

"하나가 벌써 루소의 철학을 예습한 모양이네. 루소가 《로빈슨 크루소》를 꼭 읽어야 한다고 했던 것을 어떻게 알았니?"

엥? 루소가 그런 말을 했었다고? 내가 말해 놓고도 내가 더 놀랐습니다. 어울리지는 않겠지만 '장님 문고리 잡기', 아니면 '소 뒷걸음질 치다 쥐 잡는 격' 뭐 이런 말이 생각났습니다.

'내가 루소 얘기를 알 턱이 있나. 그냥 초원이 놀려 주려고 그런 건데 신기하게도 알아맞힌 것이 돼 버렸네.'

외삼촌이 기특하다는 듯이 나를 보며 말했습니다.

"두 번째 과정이 끝나고 열두 살부터 열다섯 살까지의 시기를 루소는 소년기라고 했는데, 이때 꼭 읽기를 권장한 책이 바로 《로빈슨 크루소》였단다. 루소는 원래 책을 읽도록 하는 것을 좋아하지 않았단다. 루소는 '단어나 책이 아니라 감각이나 감정의 교육이 어린이에게 중요하다'고 했었지. 《에밀》에는 이런 구절도 있단다. '나는 말로 설명하기를 좋아하지 않는다. 젊은이들은 말로 설명하는 것에는 주의를 기울이지 않을 뿐만 아니라 거의 기억하지도 않는다. 실제 사물! 실제 사물! 우리들이 말에 지나치게 치우쳐 있다는 사실을 제아무리 되풀이해 말해도 그것은 부족할 것이다. 말이 지나치게 많은 교육은 결국 우리를 말만 잘 떠벌이는 인간으로 만들어 낼 뿐이다.'"

"와, 외삼촌 진짜 기억력 좋으시네요? 어떻게 그 긴 문장을 다 외우세요? 대단해요!"

내 말에 외삼촌은 쑥스러운 듯 웃으며 대답했습니다.

"내가 딱히 기억력이 좋다기보다, 그 말이 가슴에 와 닿아서 저절로 외워지더구나. 루소는 이런 말도 했단다. '나는 책을 싫어한다. 책은 우리들이 알지도 못하는 것을 이야기하도록 우리들을 가르친다.' 이렇게 말하는 루소는 어린이가 책의 지식이나 추상적인 단어보다 본래의 감각과 감정을 발달시키기 위해 실천적인 기술을 배워야 한다고 했단다. 아까 말한 사물과 육체의 교육이란 것이 바로 그런 것이지."

외삼촌은 오래 얘기하다 보니 목이 마른지 보리차를 한 모금 마신 후 말을 이었습니다.

"그렇게 책을 싫어했던 루소도 《로빈슨 크루소》만큼은 소년기에 읽으라고 했는데, 그 책이 곧 자연에 맞서 살아간 사람의 얘기였기 때문이지. 자, 슬슬 피곤해지려고 하는데, 청년기부터는 내일 말하도록 하자. 초원이와 하나도 들어가서 자렴. 어린이 시기에 배워야 할 실천적 교육을 받으려면 일찍 나서야 되니까."

거기까지 말하고 외삼촌은 방으로 들어가셨습니다. 종일 밭에 나가 일하셨던 외삼촌을 너무 피곤하게 붙잡아 두었나 봅니다. 그러고 보니 놀기만 했던 나도 졸음이 쏟아집니다.

초원이와 나는 각자의 방으로 들어가 그만 잠을 청했습니다.

4 고추 따기 시합

아침부터 소란한 소리에 눈이 떠졌습니다. 첫날의 긴장이 풀려서인지 어제처럼 일찍 일어나지 못했습니다.

"하나야, 해가 뜨거워지기 전에 일을 끝내는 것이 좋아. 너무 더우면 하기가 더 힘들어지니까 말이야. 같이 가고 싶으면 얼른 준비하고 나가자."

외삼촌의 목소리가 들렸습니다.

'참, 오늘 밭에 같이 가기로 했지?'

잠이 덜 깨 무거웠던 눈꺼풀이 활짝 열렸습니다. 농사일에 직접 참여해 보는 건 처음입니다. 차로 시골을 지나가도 구경만 했지 내가 흙을 만져 본 적은 없으니까요.

"네! 저 나갈게요. 같이 가게 기다려 주세요."

나는 자리에서 벌떡 일어나 서둘러 준비했습니다. 처음 해 보는 것에 대한 기대로 마음이 부풀어 올랐습니다.

아침을 대충 먹고 외삼촌과 외숙모, 초원이와 나는 외삼촌네 밭으로 나갔습니다. 생각보다 밭은 아주 넓지 않았습니다. 텔레비전에서 보면 끝이 안 보일 정도로 기다란 고랑이 이어져 있던데, 외삼촌네 땅은 내 걸음으로 몇 분 만에 다 돌아볼 수 있을 것 같았습니다. 넓어 보이지 않는 그 땅에는 고추가 가득 심어져 있었습니다. 한쪽 귀퉁이에는 가지와 깻잎, 또 뭐가 열릴지 알 수 없는 여러 종류의 잎들이 돋아나 있었습니다.

"애걔, 여기가 다예요? 저는 외삼촌이 몇만 평은 되는 땅을 가진 줄 알았는데……."

헬리콥터로 농약을 치고 기계로 밭을 가는, 그런 밭을 상상하다가 외삼촌네 밭을 보니 실망스러운 목소리가 나왔습니다.

"애걔라니? 보기에는 이렇지만 일을 하자면 얼마나 넓은 줄 아

니? 화학 비료 주고 농약 치고, 그러면 좀 더 손쉬울지 모르지만 여기는 유기농 재배를 약속한 곳이란다. 사람 손이 일일이 가야 하는 일이라 해도 해도 끝이 없단다."

농사라고는 전혀 모르는 나에게 외삼촌의 설명은 귀에 잘 들어오지 않았습니다.

"하나야, 거기 호미 좀 가져다주겠니?"

저쪽에서 하나를 부르는 외숙모의 목소리가 들렸습니다.

'호미라…… 호미라면 땅을 파는 도구일 텐데…… 언젠가 본 적이 있는 것 같기도 하고…….'

머뭇거리며 농기구들이 쌓여 있는 곳에서 뒤적거리는데 초원이가 옆에 왔습니다.

"호미 여기 있잖아. 너 혹시 호미도 모르는 거 아냐? 아무리 농사를 안 지어 봤어도 그런 건 상식인데…… 너 그럼 이거 이름은 뭔지 알아?"

초원이 말에 약간 자존심이 상한 내가 퉁명스럽게 대답했습니다.

"내가 호미 그거 집으려고 했어. 치, 그리고 이것도 모를까 봐?

이거 곡괭이잖아, 땅을 갈아엎을 때 쓰는 거."

"야, 이게 어떻게 곡괭이냐? 곡괭이는 양쪽 끝이 모두 뾰족한 걸 말하는 거지. 공사장에서나 쓰는 거 말이야. 이건 그냥 괭이야, 괭이!"

점점 나보다 아는 것이 더 많은 초원이에게 밀리는 것 같은 기분이 들어 대답도 없이 호미를 받아 들고는 홱 돌아섰습니다.

"외숙모, 호미 여기요. 저도 뭐 도울까요?"

"그래 줄래? 다른 건 좀 힘들 테니까 다 익은 고추를 따는 것 좀 해 주렴. 너무 무리하지는 말고."

외숙모는 호미질하는 손을 쉬지 않으며 말했습니다. 다 익은 고추를 따는 것이라 나는 기둥에 묶여 주렁주렁 열매를 매달고 있는 고추들 사이로 다니며 잘 익은 것들만을 골랐습니다.

손 안에 꽉 차도록 실하게 자란 고추를 잡고 뚝 따는데, 그만 꼭지가 떨어지고 말았습니다. 잘 모르기는 하지만, 이렇게 따는 것은 아닐 듯싶었습니다. 시장에 가서 보면 바구니에 담긴 고추들 모두 꼭지가 길게 붙어 있었던 것이 생각나서였습니다. 다음에 다시 시도를 해 봐도 고추는 자꾸 꼭지가 떨어진 채 끝의 속살이 보이도록 떨어져 버렸습니다. 아무래도 이렇게 하다가는 도와주는 것이 아니라 피해를 입히는 것이 될 것 같았습니다.

"그렇게 하는 게 아니라, 꼭지가 돌아간 반대 방향으로 엄지손가락을 돌려 주면 되는 거라고. 봐, 이렇게, 똑!"

어느새 옆에 왔는지 초원이가 고추 따는 시범을 보였습니다. 많이 해 본 솜씨라 그런지 정말 능숙하게 고추를 따는 것이었습니다. 초원이가 일러 준 방법대로 몇 번 해 보니 나도 이제 쉽게 고추를 딸 수 있었습니다. 재미가 들린 나는 좀 더 연습을 한 뒤에 초원이와 내기 시합을 하자고 했습니다. 나는 처음 해 보는 것임을 감안해서 30개를 더 계산해 주기로 했습니다.

"준비…… 시작!"

내기가 걸려서 그런지 승부욕이 발동한 나는 부지런히 손을 놀렸습니다. 한 고랑씩 맡아서 앞으로 차츰 따 나가는데, 초원이가 금세 나를 앞질러 갔습니다. 빨리 하려고 최대한 속도를 내는데도 산골 경력 7년의 초원이를 이길 수는 없었습니다.

"난 다 끝냈다……."

초원이가 기분 좋은 듯 저 끝에서 소리쳤습니다.

'흥! 중간에 낮잠이라도 좀 자지 그러냐? 토끼라면 그 정도 아량은 베풀어 줘야지 거북이에게도 이길 기회가 생길 거 아냐!'

나는 부지런히 했지만 이기지도 못한 거북이가 되어 초원이에게
로 갔습니다.

"너 처음이니까 30개 더 쳐 주기로 했지? 그럼 우리 세어 보자."

초원이는 뭐가 신이 났는지 우리가 딴 고추를 제각각 펼쳐 놓고
세기 시작했습니다.

"하나, 둘, 셋, 넷……."

고추 따기보다 더 열심히 수를 헤아리던 초원이가 외쳤습니다.

"내 건 137개, 네 건 53개, 거기에 30을 더해 줘도…… 83,
와…… 내가 이겼다!"

감안해서 더해 준 걸 계산해도 내 고추가 훨씬 적었습니다. 별건
아니지만 괜히 기분이 상했습니다. 지금까지 초원이보다 더 많이
안다거나 더 잘한다거나 하는 것이 없다는 생각이 불쑥 들었던 것
입니다.

"참, 내가 안 매운 고추 감별하는 것도 안다고 했지? 네가 아는
게 뭐 있냐고 물었을 때 말이야. 내가 골라 줄게."

그러면서 초원이는 쌓여 있는 고추 중에서 몇 개를 집어 줬습
니다.

"너 매운 거 잘 못 먹지? 점심엔 이걸 찍어 먹어 봐. 아마 안 매

울 거야."

초원이가 건네주는 고추를 받아 들고 나는 빨리 식사 시간이 되었으면 했습니다. 정말 안 매운 맛인지 초원이의 실력을 확인해 보고 싶었습니다. 또 사실 배가 고프기도 했습니다. 고작 한 고랑의 고추를 땄을 뿐인데도 전부 다 내가 한 것처럼 힘이 들었습니다. 일한 것이 있으니 배도 금세 꺼지는 것 같았습니다. 농부들이 새참을 먹는 이유를 알 것 같았습니다. 참, 겨우 이거 하고 진짜 농부라도 된 것처럼 생각하기는…… 내 생각이 우스워 피식 웃음이 나왔습니다.

외삼촌 말대로 이 정도 밭이면 정말 넓은 것이었습니다. 두 분이 손으로 이걸 다 한다는 게 믿기지 않을 정도로 말입니다.

"하나야, 이것 좀 봐, 방아깨비가 있다."

초원이가 가리키는 쪽을 봤는데도 내 눈에는 아무것도 보이지 않았습니다.

"여기 말이야, 여기."

다시 가리키는 쪽을 자세히 보니, 정말이지 풀줄기와 똑같이 생긴 풀색 벌레가 있었습니다! 이런 게 보호색이라는 거구나…… 내 눈이 나쁘기는 하지만, 방아깨비가 가만히 있으면 누구든지 구별하기가 힘들 것 같았습니다.

"색깔 참 예쁘다……."

집에서는 개미만 나타나도 기겁을 하는 나였지만 자연에 나와 있어서 그런지 방아깨비가 하나도 징그럽지 않았습니다.

"여기 좀 봐, 늑대거미네. 아, 저기 땅강아지도 있다."

초원이가 여기저기를 가리키며 벌레들 이름을 알려 주었습니다. 내가 구별할 수 있는 건 무당벌레, 지렁이, 사마귀, 뭐 이런 정도 뿐이었는데 초원이는 아는 것도 많았습니다. 자벌레라고 알려 준 벌레는 나뭇가지에 붙어 있었는데 진짜 나뭇가지와 똑같아 분간을 할 수 없을 지경이었습니다. 자연 속에 이렇게 신기한 것이 많다니 새삼 다르게 보이는 것이었습니다. 그리고 초원이도 다르게 보였습니다. 얼굴이 까맣게 탄 초원이를 무식하고 촌스러운 사촌이라고 생각했었는데, 나보다 훨씬 아는 것도 많고, 또 의젓한 구석도 있으니까 말입니다. 동갑인 나는 그에 비하면 세상을 너무 모르고 살았나 봅니다.

"너희들 배고프지? 어서 집에 가서 밥 먹자."

어느새 일손을 놓고 우리 옆에 온 외삼촌이 말했습니다.

그냥 있는 것들만 대충 놓고 먹는 상인데도 잔칫상보다 풍성한 것 같았습니다. 입에 달지 않은 음식이 없었고, 맛나지 않은 수확물들도 없었습니다.

"외삼촌 밭에는 무슨 마법의 손이라도 있는 거 아니에요? 어쩜 이렇게 다 맛있을까요?"

"네가 일을 하고 나서 입맛이 좋아진 거겠지. 사람은 노동을 해야 먹는 즐거움을 진실로 느낄 수 있단다. 몸을 많이 움직이고 나면 저절로 배고프지 않니? 하나가 오늘 직접 노동을 해 보고 나니까 밥이 더 맛있는 걸 게다."

내가 딴 것이 겨우 고추 53개라는 말은 차마 할 수 없어 입을 다물었지만, 어쨌거나 그 정도 일로도 나는 노동 후의 밥맛이 어떠한지 깨달은 셈이었습니다.

"하나 집에서는 더 맛있는 것 많이 먹었을 텐데 반찬이 온통 푸른 채소뿐이어서 미안하네."

외숙모가 한마디 하셨습니다.

"아니에요, 이걸로도 충분해요. 지금 입맛으로는 돌이라도 씹을 수 있을 것 같아요."

내 말에 외숙모와 외삼촌이 웃음을 터뜨렸습니다.

"참, 그러고 보니 초원이라는 이름을 그래서 지은 거구나. 밥상이 이렇게 푸른 초원이라서 말이에요. 히히히."

 이번에는 더 크게 두 분이 깔깔대셨습니다. 한껏 기분 좋아진 나는 재미있는 말도 막 생각나고 그랬습니다. 내 말에 당사자인 초원이는 썩 좋아하는 얼굴이 아닌 것 같았지만요.

 '아, 초원이 얼굴을 보니 생각이 난다. 안 매운 고추!'

 나는 따로 챙겨 온 그 고추를 얼른 물에 씻어서 가지고 왔습니다.

 '어디, 초원이의 실력을 한번 테스트해 볼까?'

 그러면서 한입 베어 무는데, 정말 매운맛이 하나도 없었습니다! 혹시나 해서 그 뒤로도 여섯 개 모두를 씹어 보았습니다. 난 의심 많은 이하나니까요.

 고추를 다 먹도록 매운맛이라고는 하나도 느껴지지 않았습니다. 초원이가 그런 내 모습을 보며 의기양양한 표정을 지었습니다. '정말이네. 그래, 네가 이겼다. 나보다 아는 것 많다는 거, 인정할게!'

 자존심이 상해 겉으로 말하진 않았지만 나는 속으로 초원이의 손을 들어 줬습니다.

 저녁상을 치우고 우리들은 마루에 어제처럼 둘러앉았습니다. 숲에서 불어오는 저녁 바람은 에어컨보다 시원했습니다. 여기에 살면 냉장고도 에어컨도 필요 없을 것 같았습니다. 청량한 그 바람을 들이켜고 있는데 산에서 '뻐꾹' 하는 새소리가 들려왔습니다.

"외삼촌, 이거 뻐꾹새 아니에요?"

나도 뭔가 아는 것이 있다는 걸 자랑하고 싶어 외삼촌에게 물었습니다.

"이건 소쩍새 소리인데. 사람들은 뻐꾹새와 쑥국새, 그리고 소쩍새 소리를 잘 구별하지 못하더구나. 아, 지금 저쪽에서 들리는 게 뻐꾹새 소리란다. 예전에 어른들은 남보다 소쩍새 소리를 일찍 들으면 그해에 일이 잘 풀린다고 했단다. 외삼촌 생각엔 그만큼 부지런한 것이 좋다는 뜻인 것 같아."

괜히 한마디 했다가 무식한 것만 들통 나고 말았습니다.

"다 그 소리가 그 소리 같은데 외삼촌은 어떻게 그걸 알아요?"

외삼촌이 알려 주었어도 내 귀에는 도무지 구별되지 않아 물었습니다.

"루소가 그랬잖니. 자연 속에서 오감을 발달시켜야 한다고 말이야. 산에 있는 나무, 풀, 꽃, 열매, 그리고 곤충이나 새들을 직접 보고, 소리를 듣고, 만져 보고, 그러면 자연히 오감이 발달하게 돼 있지. 새소리도 유심히 들어 보면 어떤 새가 우는지 알 수 있단다."

아 참, 《에밀》 이야기! 외삼촌의 말에 어제 얘기하다가 말았던 루소의 다음 교육 단계가 궁금해졌습니다.

"맞아요, 외삼촌이 어제 3단계까지 말해 주셨잖아요. 그 뒤의 얘기도 어서 해 주세요."

나는 외삼촌의 얘기가 듣고 싶어 초롱초롱한 눈으로 외삼촌을 바라봤습니다.

"하나가 잊어버리지도 않았네? 좋아, 학생이 원한다면 열심히 가르쳐야 하는 것이 선생의 역할이지. 자, 어제 《로빈슨 크루소》 얘기까지 했던가?"

외삼촌이 막 이야기를 시작하려는데 외숙모가 부엌에서 나오며 말했습니다.

"주경야독이 따로 없네요. 낮에는 밭 갈고, 밤에는 공부하고…… 호호호. 《에밀》 얘기 많이들 하세요. 이 에미는 마실 갔다 올 테니까."

그러면서 외숙모는 아랫마을에 다녀온다고 나가셨습니다.

5 《에밀》 공부 2탄

"에미가 없어도 《에밀》 공부 좀 해 볼까?"

외삼촌은 허허 웃으면서 본격적으로 이야기를 시작하셨습니다.

"루소가 말하는 네 번째 과정은 열다섯 살부터 스무 살까지의 청년기인데 이 시기의 청춘 남녀는 성인이 되기 위한 종합적인 교육을 필요로 한단다. 이 시기의 젊은이들은 사회 도덕에 대한 감정과 초월적 종교에 관한 감정을 조화롭게 교육받을 필요가 있어. 벗들과의 우정 그리고 이웃에 관한 동정, 이런 감정을 옳게 가질

수 있도록 배워야 한단다. 또 이 시기의 젊은이들은 장차 결혼을 준비하기 위해 올바른 성에 관한 의식도 가져야 하지. 감정과 이성을 제대로 조화시키는 것이 가장 중요한 시기란다."

외삼촌 얘기를 들으니 내가 벌써 다 자라서 어른이 된 것 같은 기분이 들었습니다.

'유아기, 아동기, 소년기를 거쳐서 이제 청년기까지…… 이때에는 결혼에 대한 준비를 해야 한다고? 아, 정말 나에게 그런 날이 올까? 내가 웨딩드레스를 입고 어떤 남자랑 딴따따단…… 이런 날이 올까?'

아무리 상상해도 그림이 그려지지 않았지만 내가 그런 어른이 될 것이라고 생각하니 마음이 이상했습니다.

"그럼 다섯 번째 과정은 결혼하고 아이를 낳는 과정인가요?"

옆에 있었다는 것도 잊어버릴 정도로 조용히 앉아 있던 초원이가 불쑥 물었습니다.

"그래, 초원이 말이 맞지만, 그렇게 단순하지는 않단다. 다섯 번째 과정은 교육의 완성 단계로서 결혼기라고 부른단다. 이 시기의 성인들은 결혼 생활을 통해 안정과 자유를 얻지만 복잡한 사회생활의 여러 가지 문제점들을 해결하고 헤쳐 나가지 않으면 안 되지. 어른이 되면 어릴 때는 몰랐던 여러 가지 문제들이 생기니까 말이야. 루소는 주인공 에밀이 이런 다섯 가지 교육 과정을 거쳐서, 어떻게 인간다운 인간으로 성숙하는지를 보여 주고 있단다. 에밀이 결국 소피라는 이상적 여인을 만난다는 긴 줄거리를 통해 온전한 교육이 무엇인지를 알려 주는 것이지."

'어른이 된다……'

외삼촌 말을 듣고 보니 좋은 것만은 아닌 것 같다는 생각이 들었습니다. 엄마가 가지고 있는 파란 원피스를 입어 보는, 그런 것만이 아닌가 봅니다. 하긴 엄마도 무슨 걱정이 그리 많은지 자주 머리가 아프다고 진통제를 드시잖아요?

"결혼기가 교육의 끝이라면 결혼하지 않는 사람은 그럼, 교육을 완성하지 못하는 거겠네요?"

내가 딴생각에 잠시 빠진 사이 초원이가 물었습니다.

'아, 그렇지. 요즘엔 결혼하지 않는 사람도 꽤 있지 않아? 초원이 녀석, 항상 나보다 한 수 위란 말이야.'

"허허허, 초원이 말을 들으니 그럴 수도 있겠는걸? 결혼기를 성인기라고도 하는데, 어쨌든 앞의 교육 단계를 차근히 잘 밟아 온 사람이 완성된 인격을 갖출 수 있다, 그런 의미가 될 것 같다. 교육 과정을 제대로 거쳐야 성인이 된 후에도 직면하는 문제들을 현명하게 해결할 수 있지 않겠니? 내 개인적인 생각이지만, 남녀는 결혼을 해야 더 성숙한 인격이 되지 않을까 싶다. 혼자 살 때보다 더 넓고 다양한 문제를 겪게 되면서 말이다."

외삼촌의 말을 듣다가 나는 갑자기 궁금한 생각이 들었습니다.

'루소는 사람의 본성을 되찾는 자연적인 교육을 말하는 것 같은데, 사람의 본성이 그렇게 착할까?'

"외삼촌, 루소는 사람 본성이 착하다고 생각한 것 같은데, 정말 그럴까요? 제 생각에는 사람에게는 나쁜 본성이 더 많은 것 같아요. 누가 알려 주지 않아도 나쁜 짓을 할 때가 많잖아요."

내 질문에 싱긋 웃으며 외삼촌이 대답했습니다.

"그래, 네 말대로 사람 본성은 악할 수도, 아닐 수도 있단다. 그건 주장하는 학자마다 의견이 다르지. 그렇지만 루소는 자연적 인간의 상태, 또는 인간의 본래적인 성질을 때 묻지 않은 것으로 생각했단다. 개인 재산이 형성되는 사회가 만들어지면서 인간 본성이 타락하고 이기주의와 지배욕 등이 생긴 것이라고 했지. 루소가 말하는 아이들의 교육은 그래서 사춘기 이전까지 소극적 교육을 하도록 주장했단다. 왜냐하면 아이들이 태어나면서부터 가진 때 묻지 않은 선한 본성을 사회적인 것들의 간섭이나 방해로부터 온전하게 지켜야 하기 때문이지."

맞는 것 같기도 했고 아닌 것 같기도 했습니다. 내 속에서 나도 모르게 가끔 솟아나는 못된 마음, 못된 생각…… 예진이가 가진 예쁜 손지갑을 훔치고 싶은 마음이 든 적도 있고, 기범이가 약 올릴 땐 몰래 때려 주고 싶다는 마음도 들었습니다. 나만 본성이 나쁜 아이일까요?

아니, 어느 땐 할머니의 짐을 들어다 드리기도 했고 울고 있는 꼬마를 달래 준 적도 있습니다. 그럴 때 내 속에서 나오는 착한 마음…… 그런 것이 본래의 선함이라는 것일까요?

잘 모르겠지만 이것만은 확실했습니다. 루소의 교육 철학이 아주 맘에 든다는 것 말입니다. 적어도 루소는 우리 엄마처럼 억지로 뭘 시키지도 않을 것이고, 시험 점수가 잘 안 나왔다고 야단을 치지도 않을 것 같습니다. 또 이렇게 공기 맑고 신선한 곳에서 살게 해 줄 테니 얼마나 좋을까요. 루소가 우리 엄마라면 좋겠습니다.

'아 참, 루소는 남자였지? 그럼 아빠라도…… 히히.'

또 딴 데로 생각이 흘러 혼자 웃음 짓고 있는데 외삼촌이 말했습니다.

"우리 하나가 그새 체력이 길러졌나? 낮에 밭일도 하고 종일 움직이느라 힘들 텐데도 잠잘 생각을 안 하는구나. 허허."

"여기 와서 컴퓨터도 안 하고, 텔레비전도 안 보고 그러니까 눈이 피곤하지 않은걸요. 다른 때는 저녁이 되면 눈이 침침해서라도 일찍 누웠는데……."

정말 그랬습니다. 컴퓨터 안 하는 날도 내 홈피랑 아바타를 이렇게 꾸며야지, 하는 생각이 머리에 꽉 차 있었는데, 이제는 컴퓨터 같은 건 아예 생각도 안 납니다.

"참, 할머니도 아니고 벌써 눈이 침침하다는 말을 다 하다니…… 여기서 지내면서 더 건강해졌으면 좋겠구나. 한창 체력을 발달시켜야 하는 소년기에 의자에만 앉아 있어서야 되겠니."

외삼촌은 루소 이야기를 복습이라도 시키는 것처럼 한 말씀 하셨습니다.

"아버지가 그렇게 말하시니까 여기가 무슨 요양원 같잖아요."

초원이의 말에 킥킥 웃고 있는데, 외삼촌이 자리에서 일어나며 말했습니다.

"도토리나무 밑에서 허기를 채우고, 흘러가는 냇물에 목을 축이고, 나무 그늘에 누워 잠이 든 자연인에게는 그 이상 더 부러울 것이 없다. 바로 루소의 명언이란다. 우리 생활이 이러하니 얼마나 좋으냐. 여기는 요양원이 아니라 낙원이라는 말이 더 적당할걸."

외삼촌은 루소의 명언을 많이도 알고 계십니다.

'그래, 외삼촌 말대로 나는 지금 낙원에 있는 것이다.'

당장 엄마의 잔소리, 해야 할 숙제들, 그것들이 없는 것만으로도 여기는 낙원입니다. 낙원!

《에밀》의 시기별 교육 과정

    루소는 나이에 걸맞은 교육 과정이 필수적이라고 보았고, 각각의 교육과정은 고유한 특징을 가지고 있다고 보았습니다.

    루소는 인간다운 인간, 바로 선한 본성을 유지하면서 이성적으로 생각하고 행동하는 바람직한 인간을 교육의 궁극 목적으로 삼았으며 어린이 교육에서 무엇보다도 중요한 것은 인간 본성으로서의 선을 유지함으로써 사회와 문명의 악을 멀리하는 것이라고 했습니다. 어린이가 청소년으로 성장하면서 중요한 것은 '자연이 아름답다'는 사실과 아울러 '자연을 소중하게 사용할 수 있다'는 사실을 청소년들이 아는 것입니다.

    루소의 교육의 목적은 인간다운 인간의 형성에 있습니다. 인간다운 인간이란 바람직한 인간이고, 더 설명하자면 선한 본성에 따라 살아가는 인간으로 그러한 인간을 소위 이상적 인간이라고 할 수 있습니다. 그렇지만 문명사회에서 그런 인간상이 과연 가능할까요?

    루소의 사상은 정말 이상적이고도 원대하다고 할 수 있습니다. 모든

어린이들은 아니더라도 대부분의 어린이들이 루소의 생각대로 교육 받는다면 그런 사회는 어떨까요? 두말할 필요도 없이 그런 사회가 바람직한 이상 사회 아닐까요?

루소는 《에밀》을 통해서 점진적인 인간 교육을 주장하지만 근대 문명과 근대인을 전복시키고 자유와 평등이 보장되는 사회와 아울러 인간 본성의 회복을 외쳤습니다. 그러니까 루소는 당시의 프랑스 사회 지도자들의 눈에는 혁명가였습니다.

당시 프랑스에서는 부유하거나 권력을 가진 부모들은 대부분 자식들의 화려한 미래를 위해 학문과 예술을 학교에서 가르치게 했습니다. 인간 본성을 멀리하고 돈과 권력을 목적으로 삼은 학교 교육은 루소가 보기에는 단지 인위적인 형식 교육에 지나지 않았습니다.

루소는 타락한 어린이 교육을 바라보면서 한탄만 하지 않고 자신의 저술 《에밀》을 사회에 알림으로써 과감하고 혁명적인 교육 개혁을 실현시키려고 했던 것입니다.

《에밀》은 전부 5권으로 구성되어 있으며, 5권이라기보다 오히려 다섯 부로 보는 것이 좋으며 각 부는 나이에 걸맞은 교육을 제시하고 있습니다. 태어나서부터 청년이 되어 결혼하기까지 어떤 교육을 어떻게 받아야 선한 인간 본성을 사회에 실현시킬 수 있는지가 《에밀》 전체에 걸쳐 상세히 전개됩니다.

첫 번째 교육 과정

아기가 이 세상에 출생해서 다섯 살까지의 과정입니다. 루소가 보기에 이 시기의 아이들은 먹고 자고 배설하는 본능적 욕망만을 채우려 하므로, 이 시기 아이들에게 필요한 교육은 본능적 욕망을 적절하게 충족하게끔 하는 것 이외의 다른 것은 없습니다. 루소의 이론에 따르면 영어 회화를 듣게 한다든가 간단한 산수를 가르치는 것은 아이들에게 해로운 것입니다.

두 번째 교육 과정

다섯 살부터 열두 살까지의 시기입니다. 요새 심리학자들은 열두 살이나 열세 살이면 인간의 성격이 거의 고정된다고 하지만 루소는 청년기까지 인간의 교육이 필요하다고 보았습니다.

루소는 철저히 형식에 얽매인 학교 교육을 반대했습니다. 왜냐하면 그런 교육은 인간의 선한 본성을 무시하고 허영과 오만 등 사회의 악덕만을 가르쳐 주기 때문입니다. 두 번째 교육 과정에서 중요한 것은 감각, 사물 및 육체 훈련입니다. 인간은 시각, 청각, 촉각, 후각, 미각 등 다섯 가지 감각을 가지고 있으며, 이 다섯 가지 감각 기관을 적절히 발달시킬 때 자연에 걸맞은 감각 기능을 가질 수 있고 건강한 인간으로 성장할 수 있다고 보았습니다.

　이 두 번째 교육 과정에서는 물건과 아울러 육체 훈련에 대한 교육도 매우 중요합니다. 그러니까 루소는 억지로 하는 인위적인 교육을 철두철미하게 배척하고 감각, 물건, 신체 훈련에 대한 자연스런 교육이 꼭 필요하다고 보았습니다.

세 번째 교육 과정

　열두 살부터 열다섯 살까지입니다. 이때부터 아이는 사회에 적응하면서 문명사회를 변화시키고 타파할 능력을 키워야 하며 본래적으로 가지고 있는 선한 연민의 감정을 이성으로 다스릴 줄 아는 방법을 배워야 합니다. 이 시기는 바로 사춘기에 해당합니다.

　이 세 번째 교육 과정에서 청소년들은 이성을 잘 훈련시켜 예리한 지성을 갖출 필요가 있습니다. 루소에 의하면 이 시기의 청소년은 이론적 판단력을 제대로 갖추어야 하고 동시에 실천적인 수공업 기술을 옳게 습득해야 합니다.

네 번째 교육 과정

　열다섯 살부터 스무 살까지의 청년기이고 이 시기의 청춘 남녀는 성인이 되기 위한 종합적인 교육을 필요로 합니다. 이 시기의 젊은이들

은 사회도덕에 대한 감정과 초월적 종교에 관한 감정을 조화롭게 교
육받을 필요가 있으며 더불어 벗들과의 우정 그리고 이웃에 관한 동
정 등의 감정을 옳게 닦을 필요가 있습니다. 또 이 시기의 젊은이들은
장차 결혼을 준비하기 위해 올바른 성에 관한 의식을 닦을 필요가 습
니다. 이 시기야말로 감정과 이성을 제대로 조화시켜야 할 때입니다.

다섯 번째 교육 과정

교육의 완성 단계로서 결혼기에 해당합니다. 이 시기의 성인들은 결
혼 생활을 통해 안정과 자유를 얻지만 복잡한 사회생활의 여러 가지
문제점들을 해결하고 헤쳐 나가야 합니다.

루소는 《에밀》에 등장하는 주인공 에밀이 이런 다섯 가지 교육 과정
을 거쳐 어떻게 인간다운 인간으로 성숙하게 되는지와 소피라는 이
상적 여인을 만난다는 긴 줄거리를 가지고 있습니다.

여름날의 추억

 산다는 것은 호흡하는 것이 아니라 행동하는 것이다.

-루소

1 물고기 잡기

"하나야, 물고기 잡으러 안 갈래?"

마당에서 초원이가 부르는 소리가 났습니다. 부스스 일어나서 나가 보니 초원이는 벌써 그물을 꺼내 와서 손질하고 있었습니다.

"다들 나가신 거야? 내가 너무 늦잠을 잤나?"

어제 외삼촌의 얘기가 다 끝나고도 여름밤을 즐기느라 한참 후에 잤더니 그만 일어나는 시간이 늦어져 버렸나 봅니다.

"나는 해가 밝으면 잠을 자려고 해도 안 되는데, 너는 참 잘도 자

더라."

'원래 우리 집은 주말에 일어나는 시간이 늦는
데…… 시골은 정말 일찍 자고 일찍 일어나는구나.'

"그런데 그 그물로 물고기 잡는다고? 어째 허술한
데…… 그걸로 진짜 물고기가 잡혀?"

"너 모르는구나? 내가 이 동네에선
그래도 물고기 잡는 선수다, 선수. 요령
을 잘 알면 팔뚝만 한 민물고기도 잡을 수
있어."
 직접 보지 않았으니 그 말을 믿을 수 없지

만, 강에 나가서 물고기 잡는 걸 해 보고 싶은 마음에 얼른 자리를 털고 초원이를 따라나섰습니다.

폭이 그렇게 넓은 강은 아니었습니다. 그렇지만 비가 온 뒤라 그런지 물이 많이 불어서 강이 깊었습니다. 원래는 종아리 정도만 차는 강이라 걸어 다니기에도 수월한 곳이라고 초원이가 일러 주었습니다. 지금은 허벅지 정도까지 물이 올라와 있었습니다.

초원이는 그런데도 성큼성큼 강 가운데로 들어갔습니다. 나는 물살이 계속 흐르는 것을 보고 있자니 무서운 마음이 들어 몇 발짝 내딛지 않았습니다.

"야…… 이거 봐! 물고기 잡혔다! 와서 봐 봐!"

어느 틈에 초원이는 작은 물고기 몇 마리를 건져 올려서 나를 불렀습니다. 나는 아직 다 들어가지도 못했는데, 벌써 물고기를 잡다니…….

"애개개…… 이게 물고기야? 피라미지."

손가락만 한 물고기 서너 마리가 파닥파닥 뛰는 걸 보면서 신기하기도 하고 초원이가 대단해 보이기도 했지만 더 의기양양해하는 꼴을 보기 싫어서 부러 놀리는 말을 했습니다.

"이건 피라미가 아니라 버들치라고. 네 마음대로 부르면 얘가 자존심 상할걸. 좀 기다려 봐. 더 큰 물고기도 잡아 줄게.”

초원이의 말에 버들치보다 내 자존심이 더 상했습니다.

‘그러고 보니 나는 자연의 생물에 대해 아는 것이 너무 없잖아? 완전 루소의 교육관과는 반대로 살았네.’

한참을 잔 물고기만 잡아 올리던 초원이가 좀 더 깊은 데로 들어가 그물을 쳤습니다. 겨우 두 개의 막대기에 그물만을 붙인 저 도구로 어떻게 물고기가 잡히는지 신기했습니다.

“너도 한번 같이 해 보자.”

구경만 하고 있던 내가 불쌍해 보였는지 초원이가 손짓했습니다. 물살은 계속 흘렀지만 한번 해 보고 싶은 마음이 들어 조심조심 들어가 보았습니다.

“자, 그쪽을 꼭 잡아. 그리고 강바닥으로 살살 그물을 내려 보는 거야. 그래, 옳지.”

초원이 말대로 우리 둘은 막대의 한쪽씩 잡고 강물을 훑어보았습니다.

그런데 순간, 손에 뭔가 힘이 전해졌습니다. 누가 그물을 막 흔드는 것처럼 센 힘이었습니다.

“걸렸다! 하나야, 거기 꼭 잡아! 얼른, 손에 힘 빼지 말고! 빠져

나가기 전에 붙잡아!"

초원이의 다급한 지시를 들으면서 나는 어쩔 줄 몰라 막대를 들어 올렸습니다. 초원이가 보다 못해 내가 들고 있던 막대까지 빼앗아 들고는 능숙한 솜씨로 그물을 건졌습니다.

그물에는 글쎄, 이제껏 마트에서 보던 물고기와는 전혀 다른 싱싱하고 커다란 물고기 놈이 걸려 있었던 것입니다! 한 마리가 팔딱팔딱 뛰는 것인데도 그 힘이 얼마나 센지 초원이의 팔이 부들부들 떨렸습니다.

"얼른! 저기 통 좀 가져와!"

초원이의 말에 나는 강가에 놓아 두었던 통을 가지러 급하게 뛰어갔습니다. 물속에서라 뛴다기보다는 슬로비디오처럼 느릿느릿 걷는 모양이 되었지만요.

가져온 통에 그 힘센 놈을 집어넣고 나니 초원이가 한숨을 돌렸습니다.

"봐, 내 말 맞지? 이렇게 큰 물고기도 내 손에 걸리면 끝이라고."

대충 짐작해도 30센티미터는 될 것 같았습니다. 초원이, 진짜 대단하구나.

"이거 잉어 아냐? 언제 그림에서 본 적 있는데."

"잉어가 아니라 붕어야. 둘은 비슷하지만 수염이 있는 놈이 잉어지. 우리 이걸로 저녁에 붕어찜 해 달라고 하자."

'또 나의 무식이 들통 났군. 초원이 녀석은 왜 이렇게 아는 게 많은 거야? 어쨌건 초원이 덕에 처음으로 강에서 물고기도 잡아 보고…… 참 생생한 체험을 해 보는구나.'

2 환상의 붕어찜

저녁상에는 진짜 붕어찜이 올라왔습니다. 한 번도 이런 생선은 먹어 보지 못했는데, 이건 생선이 아니라 물고기라 불러야 더 어울릴 것 같습니다. 시장에서 사 오는 생선과는 다른 싱싱한 자연의 냄새랄까……

요리가 되어 상에 올라 있지만 아직도 아까의 파닥이던 그 힘이 느껴졌습니다. 그런 물고기의 모습을 생각하니 먹기가 좀 그렇습니다.

'얘가 암컷이라면 새끼들이 엄마를 찾을 텐데…… 갑자기 엄마가 없어져서 얼마나 슬플까? 에이, 나도 참. 물고기 하나 두고 무슨 생각이람. 그래도 생각하다 보니 갑자기 엄마가 보고 싶어지네. 엄마 잔소리마저도 그리운걸.'

"초원이랑 하나 덕분에 보신을 다하게 됐구나. 붕어찜은 아주 몸에 좋아서 여름에 지친 기운을 회복시켜 준다고 하더구나. 자, 맛있게 먹어 볼까?"

딴생각에 빠졌던 나는 외삼촌의 말에 정신이 번쩍 들면서 붕어찜을 한입 떼어먹어 보았습니다. 새끼가 찾고 있으면 어쩌나 하는 생각은 어디로 갔는지, 살점 많은 붕어는 완전 환상의 맛이었습니다. 게다가 불고기 먹은 이후로는 계속 '푸른 초원' 반찬만 먹었더랬습니다. 간만에 먹는 고기 맛이라니!

우리들은 뼈에 붙은 작은 부스러기까지 살뜰히 발라 먹고 나서야 젓가락을 놓았습니다. 어디선가 꼬챙이에 물고기를 꽂아 불에 구워 먹는 장면들을 보면서 '그게 얼마나 맛있을까' 하고 입을 다셨던 적이 있었습니다. 그렇게 요리한 것은 아니지만 지금 먹은 게 그런 맛이 아닐까 싶었습니다.

"너무 맛있어요! 초원아, 우리 내일 또 붕어 잡으러 가자."

손가락까지 쪽쪽 빨면서 내가 말하자 외삼촌이 허허 웃으며 대답했습니다.

"오늘은 하나가 같이 해서 아마 운 좋게 붕어가 잡혔나 보다. 초원이가 붕어 잡아 온 건 오늘이 처음인데 말이야, 하하하."

'뭐야, 그럼 초원이 순 뻥이었던 거야? 치, 괜히 대단하게 봤잖아?'

"너……."

내가 슬쩍 초원이를 옆으로 보며 눈을 흘기자 초원이가 얼른 변명했습니다.

"붕어는 아니지만 다른 물고기는 많이 잡아 봤단 말이야. 누가 붕어라고 그랬어?"

초원이와 내 대화를 들으면서 외숙모와 외삼촌이 웃음을 터뜨렸습니다. 하지만 뭐, 처음이든 아니든, 나는 붕어찜을 배부르게 먹었으니 됐습니다. 다시 먹기는 어렵게 됐지만.

3 다시 집으로

시간은 잘도 흘렀습니다. 여름날은 길어서 밤이 되어도 낮의 신났던 기분이 계속 이어졌습니다. 평상에 드러누워 저녁별을 바라보는 건 도시에서 한번도 경험하지 못한 기쁨이었습니다. 밤하늘을 까만색이라고 생각했는데, 여기에서 보는 밤하늘은 하얀색이라고 해야 더 어울릴 정도였습니다. 빽빽이 보석을 박아 놓은 것처럼 하늘을 가득 채운 저 별들. 서울에서는 북극성 찾기가 너무 쉬웠지만(몇 개 안 되는 것 중에 제일 밝은 별만 찾으면 되었으니까)

저토록 많은 별 중에서는 어떤 것인지 알 수가 없었습니다. 우리 나라에 사는 사람 모두를 모아 놓은 수만큼 될까요?

 내가 서울에서 보던 하늘과 여기 하늘은 똑같은 곳일 텐데도 전혀 다른 데를 보는 것 같습니다.

 초원이와 나는 해가 다 지도록 바깥으로 돌아다니며 심심한 줄 모르고 놀았습니다. 산에서 나무를 쪼고 있는 딱따구리도 보았고, 캄캄해진 저녁에는 나뭇가지에 슬그머니 앉아 있는 올빼미도 보았습니다. 언제는 부엉이가 내 옆으로 휙 날개를 펴고 지나쳐서는 무언가를 낚아채 가는 모습도 보았습니다. 그때 얼마나 간담이 서늘했는지 모릅니다. 초원이가 옆에 없었더라면 아마 그 자리에서 기절해 버렸을 것입니다.

 밑이 훤히 드러나 보이는 강바닥에도 내가 모르던 것들이 살고 있었습니다. 초원이는 그것들의 이름을 신기하게도 모두 알았습니다. 논에서 우렁이 잡기, 개구리 잡기, 밭에 난 잎사귀만 보고 무엇이 열릴 것인지 알아맞히기, 초원이가 내게 알려 준 것들이었습니다. 컴퓨터 게임은 왕초보인 초원이지만 여기서는 엄청난 지존이었습니다.

 초원이를 졸졸 따라다니며 도시에서는 볼 수 없었던 것들을 보고, 해 볼 수 없는 것들을 하고, 못 먹어 본 것들을 먹고, 그러다 보니 나도 시골 사람 비슷하게 되었습니다. 물론 지존 초원이를 따를 수는 없지만 말입니다.

'참, 그러고 보니 머리 아픈 것도 사라졌네? 언제부터인지도 모르겠다. 아마 외삼촌네 오기로 한 그날부터가 아니었을까? 어디, 그럼 머리카락도 다 자랐을까? 내가 원형탈모로 치료를 받고 있었다는 사실조차 까맣게 잊어버리고 있었네.'

나는 손으로 머릿속을 여기저기 만져 보았습니다.

'여기쯤이 탈모가 있던 자리인 것 같은데…… 와! 없다, 없어! 머리가 다 났나 봐!'

외삼촌 말이 틀린 것이 아니었습니다. 자연에서 지내면서 다 낫게 하겠다는 약속 말입니다.

"하나야, 내일 엄마가 데리러 온다는구나. 외삼촌이 데려다 주고 싶지만 집을 비울 수가 없어서 말이야."

방에서 거울을 보며 탈모가 사라진 머리를 기분 좋게 빗질하고 있는데 외삼촌이 문 앞에서 말했습니다.

'아, 며칠 있으면 개학이지? 집에 가긴 해야겠구나.'

엄마 아빠가 보고 싶은 마음도 있었지만, 한편으론 여기서 더 놀

고 싶은 생각도 들었습니다.

"개학만 아니라면 더 오래 있으라고 하고 싶다만, 어떡하겠니. 그래도 지금 현재는 학교를 다녀야 하니까…… 루소의 교육 방법이 이상적인 것은 사실이지만, 이상적이라서 지금 당장은 실현되지 못하고 있는 것이 안타깝구나."

내 아쉬움을 짐작했는지 외삼촌이 그렇게 말씀하셨습니다.

"지금까지 논 것으로도 충분해요. 외삼촌에게 많은 걸 배우고 가는걸요."

내가 짐짓 의젓하게 대답하자 외삼촌이 빙그레 웃으며 내 말을 정정했습니다.

"외삼촌한테가 아니라 자연에게 배우고 가는 거지."

나는 외삼촌을 따라 나와 마지막 저녁 식사를 했습니다. 초원이는 여느 때와 달리 조용하게 밥만 먹었습니다. 초원이도 내가 가는 게 섭섭해서였을까요?

식사 뒤에 초원이와 나는 모깃불 앞에 쪼그리고 앉았습니다. 밤기운이 서늘해서 그런지 타닥타닥 연기를 피워 올리는 불 앞에 있는 것이 훈훈했습니다.

"여기서는 네가 선생이었지만 서울에 오면 내가 다 가르쳐 줘야

할걸?"

마지막 자존심이 갑자기 발동한 것인지, 나는 마음에도 없는 시비를 걸었습니다.

"나는 서울 가기 싫다. 답답하고, 사람도 너무 많아. 새라고는 까치와 비둘기만 사는 것 같은데 뭐 하러 가니?"

초원이가 나뭇가지로 땅바닥을 저으면서 대꾸했습니다.

"무슨 소리야, 참새도 얼마나 많은데!"

진담처럼 농담하는 내 얼굴을 보다 초원이가 피식 웃었습니다. 나도 웃음이 나왔습니다.

"생각보다 한 달이 짧구나. 방학마다 놀러 와."

"겨울에 오면 여름하고 또 다르겠지? 그것도 기대된다."

"겨울에는 장작불에 고구마 구워 먹는 맛이 최고다."

초원이가 내 말에 기다렸다는 듯 자랑했습니다. 나는 말만 들어도 노랗게 익은 고구마가 눈에 보이는 것 같아 입이 다셔졌습니다.

"처음에 너한테 촌뜨기라고 놀린 거 미안해. 네가 촌뜨기인 게 아니라 내가 서울뜨기지. 자연에 대해서는 아는 게 거의 없는 서울뜨기. 처음에는 시골에나 사는 너보다 내가 아는 것이 훨씬 많다고 생각했었는데, 도리어 너한테 많이 배우고 간다."

내가 진심을 담은 인사를 건네자 초원이도 진심 어린 인사를 했습니다.

"우리 둘 다 형제도 없는데 형제처럼 잘 지내자. 외사촌도 형제나 다름없잖아?"

"그래, 엄마가 허락해 주신다면 매번 방학마다 놀러 올게. 올 때마다 붕어잡이 꼭 성공해 줘, 알았지?"

내 말에 초원이는 살짝 얼굴을 붉히며 괜한 불씨만 건드렸습니다.

외삼촌 집에서 보내는 마지막 밤은 그렇게 지나갔습니다. 저 깊은 산에서 뻐꾹새 우는 소리가 들렸습니다. (진짜 뻐꾹새 말입니다. 이제 내 귀에도 소쩍새와 뻐꾸기가 다르게 들린다니까요.)

어린이 교육의 중요성

어린이는 어린이답게 자라야 한다는 것이 루소의 주장이었습니다. 어린이 시절 감각 기관을 제대로 발달시켜야 한다는 것은 그래야만 장차 이성에 의해 지식을 옳게 사용할 수 있기 때문입니다.

루소는 '어린이 시절 사물들을 필요성에 따라서 인정하고 또 필요성에 따라서 사물들에 의존해야 한다'고 했습니다. 이 말은 매우 의미가 깊은 말입니다. 예컨대 루소는 오늘날의 영재 교육과 같은 인위적 교육을 절대로 반대한다고 말할 수 있습니다. 서너 살 난 아이에게 영어나 수학을 가르치는 것은 필요성을 넘어설 뿐만 아니라 필요성과 상관없는 일입니다. 필요성을 넘는 일을 아이에게 가르치는 것은 결국 인간의 독재적인 힘을 행사하게 하는 것입니다. 만일 어린이가 필요성에 따라서 사물들을 알고 또 사물들에 의존한다면 어린이는 독재적이며 인위적인 힘을 피하고 자신의 자유를 실현할 수 있을 것입니다.

여기서 생각해 볼 문제가 생깁니다. 그렇다면 자유와 필요는 아주

밀접한 관계가 있다는 뜻입니다. 보통 우리는 자유와 필요는 서로 상관없는 것으로 생각하지만 그렇지 않습니다. 흔히 내 마음대로, 내 멋대로 행동할 때 우리는 그런 행동을 자유로운 행동이라고 부르는 경향이 있지만 그런 행동은 자유와는 아주 거리가 멉니다. 루소에 의하면 자연적인 필요성에 따라서 이루어지는 행동이 바로 자유로운 행동입니다. 좀 더 정리하면 '자유란 인간의 자연스러운 의지에 따른 행동의 본질'이라고 말할 수 있습니다.

곧, 자연스러운 의지는 결국 필요성과 직결된다는 뜻입니다. 루소가 말하는 자유는 인간의 본성에 의해 제한된 자유입니다. 자유는 어떻게 보면 인간 본성에 의한 행동의 상태이기 때문에 자유방임과는 전혀 성질이 다른 것입니다.

그렇다면 아이들이 학교 공부에 얽매어 생활하기 때문에 자유를 달라거나 부모의 강요로 인해 학원에 다니면서 자유를 달라고 할 때 아이들이 외치는 자유는 다분히 자유방임에 가깝고, 루소가 말하는 자유와는 다른 것일까요?

그렇습니다. 루소가 말하는 자유는 어디까지나 선한 인간 본성을 바탕으로 삼은 것이기 때문에 그러한 자유에는 책임과 의무와 자신의 의지의 결단 등이 반드시 따르기 마련입니다.

《에밀》의 '자연으로 돌아가라'라는 주장을 다시 한 번 생각해 보면 어린 에밀을 자신이 원하는 대로 내버려 두는 것이 에밀을 자유롭고 자연스럽게 교육하는 것이 아니라, 에밀을 어린이답게, 곧 인간 본성에 따라 교육하는 것이 루소가 주장하는 핵심입니다.

그런데 루소의 주장이 요즘 아이들 교육에도 해당될 수 있을까요? 루소가 말하는 어린이 교육은 주로 다섯 살부터 열두 살 때까지인데 이 나이 또래의 아이들은 대부분 컴퓨터, 영어, 휴대전화에 익숙합니다. 자연과의 직접적인 접촉이라든지 직접적인 감각 경험과 같은 것은 거의 불가능하다고 봐야 합니다.

우리나라에서는 특히 어린이 교육이 많은 문제점을 가지고 있는 것이 사실입니다. 18세기의 루소도 학교에서의 학문과 예술 교육이 지나치게 형식적이고 오직 돈과 사회의 권위나 명성을 얻기 위한 수단으로 타락한 것을 맹렬히 비판함으로써 인간 본성을 발휘할 수 있는 자연적인 어린이 교육을 강조했던 것입니다.

에필로그

"지수야!"

개학한 첫날, 교실에 들어가서 지수부터 찾았습니다.

"하나야, 너 미국에는 잘 다녀온 거야?"

나를 보자마자 지수가 물었습니다.

"으응, 나 미국 대신 더 좋은 데 갔다 왔다."

"그게 어딘데? 영국? 프랑스?"

"아니, 거기보다 더 좋은데."

수수께끼 하듯 내가 대답을 미루자 지수는 궁금해 죽겠다는 얼굴로 나를 바라보았습니다.

"위대한 스승, 자연을 만나고 왔거든. 거기에 서비스로 루소도 만나고 왔다."

지수는 내 대답을 듣고도 얼른 이해하지 못하고 눈만 동그랗게 떴지요. 그 모습이 우스워 내가 킥킥 웃으며 친절한 설명을 덧붙여 주었답니다.

"전에 우리 선생님도 말한 적 있잖아. 루소는 자연 안에서의 교육이 가장 중요하다고 했다는 거. 그래서 미국에 안 가고 우리 외삼촌 집에 갔었어. 우리 외삼촌 집은 강원도 산골이거든. 거기서 자연을 가까이 하는 교육이 어떤 것인지 몸소 체험하고 왔다는 말이야."

그제야 내 말뜻을 알아들은 지수가 말했지요.

"그게 그렇게 좋았어? 난 그래 본 적이 없어서 그런지 얼마나 좋은 건지 잘 짐작이 안 되네."

그걸 어떻게 설명해야 할까…… 남들에게는 비밀인 건데…… 그래도 내 단짝 친구 지수 아니겠어요? 나는 귓속말로 소곤소곤 머리가 빠졌던 얘기, 두통도 탈모도 거기 가서 다 나았다는 얘기를 해 주었답니다.

역시 내 말을 듣던 지수의 눈이 더 커졌습니다.

"정말? 그랬었어? 그러고 보니 너 얼굴도 보기 좋게 타고, 아주 건강해 보인다."

마음이 행복해진 것은 얼굴로도 표가 나나 봅니다. 엄마도 시골에서 처음 보자마자 내 얼굴이 좋아졌다는 말씀부터 하셨으니까요.

참, 우리 엄마도 말이에요, 《에밀》을 다시 읽어 보고 생각이 많이 변하게 되었답니다. 외삼촌네 집으로 내가 떠나 있던 긴 방학 동안, 책장에 꽂혀만 있던 다섯 권을 찬찬히 다시 보면서 올바른 교육이 어떤 것인지 생각을 바꾸셨다고요. 내가 시골에서 돌아온 후의 밝고 건강한 모습을 보면서 더 그러시게 됐답니다. 아예 외삼촌네처럼 귀농을 할 수야 없지만 도시에 살면서도 최대한 자연을 접하며 《에밀》과 같은 교육을 하겠다고 말입니다.

그런 의미로 제가 다니던 학원도 꼭 하고 싶은 것만 빼고 다 그만두어도 좋다고 하셨지요. 저로서야 대환영입니다. 사실 정말 재미있어서 하는 건 두 개밖에 안 되거든요. 외삼촌과 초원이의 방문이 제 인생을 행복하게 바꾸어 준 것 같아서 학교 가는 길마저도 신이 나던걸요.

"그렇게 좋은 데를 너 혼자만 가다니. 다음에는 나도 같이 가, 응?"

지수가 부러운 눈으로 말합니다. 단짝 친구 지수에게 그 정도쯤은 해 줘야겠지요? 아마 초원이도 지수를 만나면 아주 좋아할걸요.

"어머, 얘, 하나 넌 방학 동안 깜둥이가 다 됐구나?"

우리 둘이 한참 얘기하고 있는데 은지가 지나가며 한마디 하네요. 어쩜 은지는 방학이 지났어도 얄미운 말투는 그대로일까요.

"응, 좋은 데 가서 선탠 좀 했어."

전 같으면 공공연한 왕따인 은지에게 대꾸조차 안 했겠지만, 이번에는 기분 나쁘지 않을 정도로 한마디 해 주었답니다. 외삼촌이 그러셨잖아요. 왕따를 만드는 것은 인격이 제대로 성숙되지 못했기 때문이라고요. 루소 교육을 그렇게 받은 제가 다른 애들처럼 똑같이 은지를 왕따시킬 수야 없죠.

"어딘데? 거기가 그렇게 좋아?"

한마디 해 주자 은지가 반색을 하며 말을 거는군요. 은지도 혼자 놀기

외로웠을 것입니다.

　지수는 워낙 착한 아이라 별로 싫어하지 않으며 은지를 대화에 끼워 주었습니다. 잘난 체가 좀 흠이긴 하지만 말하다 보니 은지도 나쁜 아이는 아니네요.

　'자, 어때요? 저 이 정도 인격이면 잘 크고 있는 것 맞죠?'

통합형 논술
활용노트

01 머리카락이 빠지고, 온몸이 여기저기 아파서 병원에 간 하나에게
의사 선생님은 마음의 병이라는 진단을 내렸습니다. 하나의 병은
무엇이 원인이었나요? 생각나는 대로 적어 보세요.

02 시골에서 하나는 외삼촌에게 루소의 교육 철학에 대해 듣게 됩니다. 루소가 이야기한 '자연으로 돌아가라'는 말은 무슨 의미인지 적어 보세요.

03 루소는 어린이 교육에서 가장 중요한 것을 무엇이라고 보았을까
요? 책 내용을 잘 생각하면서 적어 보세요.

04 루소는 《에밀》이라는 책에서 참된 교육이 무엇인지에 대해 이야기
했습니다. 루소가 이야기한 참된 교육이 무엇인지 적어 보세요.

05 루소는 아이들의 교육은 사춘기 이전까지의 소극적 교육이 중요하다고 이야기하였습니다. 그 이유가 무엇인지 적어 보세요.

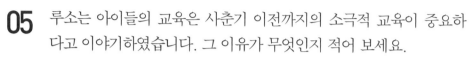

06 《에밀》에서 루소가 말한 교육의 다섯 단계 중 다섯 살부터 열두 살까지의 어린이 시기는 몇 번째 단계일까요? 그리고 그 단계의 특징에 대해 생각나는 대로 적어 보세요.

통합형 논술
문제풀이

01 병원에 간 하나에게 의사 선생님은 스트레스 때문이라고 말씀해 주셨습니다. 서너 개나 되는 학원에 학습지, 전화 수업 때문에 하나는 많이 힘들었지만 엄마의 높은 기대로 인해 그만둘 수가 없었습니다. 그러자 스트레스가 되어 머리카락이 빠지는 원형탈모 증세가 나타나게 되었고, 몸에 특별히 이상이 없어도 기운이 없고 몸이 아프게 된 것입니다.

02 인간이 본래 가진 선한 마음을 되찾을 수 있도록 자연적인 교육을 해야 한다는 것입니다. 자연 속에서 자연과 더불어 생생한 경험을 하며 자연스러운 성장을 해 나가기를, 그래서 인간의 본성을 찾기를 바란 것입니다.
이는 바로 인간다운 인간, 선한 본성을 유지하면서 이성적으로 생각하고 행동하는 바람직한 인간을 만들기 위한 것입니다.

03 인간 본성으로서의 선을 유지함으로써 사회와 문명의 악을 멀리 하는 것이라고 보았습니다. 어린이가 청소년으로 성장하면서 중요한 것은 자연이 아름답다는 사실과 함께 자연을 소중하게 사용할 수 있다는 사실을 아는 것이며, 그렇게 해야만 자연을 파괴하지 않고 자연 사랑을 간직할 수 있다는 것입니다.

04 참된 교육은 바로 인간의 교육입니다. 루소는 형식에 얽매인 학교 교육을 반대했습니다. 왜냐하면 그런 교육은 인간의 선한 본성을 무시하고 사회의 악덕만을 가르쳐 주기 때문입니다.
따라서 인위적인 교육을 버리고 자연 안에서 자신의 감각과 육체를 충분히 발달시키라고 이야기했습니다. 그러기 위해 농업이나 철공업, 목공 일 같은 걸 배워야 한다고 했습니다.

05 루소는 사람이 태어날 때 때 묻지 않은 선한 본성을 가지고 태어난다고 생각했고 그것들이 사회생활을 하고 학교 교육을 통해 흐트러진다고 생각했습

니다.

따라서 소극적인 교육을 해야 하는 이유는 아이들이 태어나면서 가진 선한 본성을 사회적인 것들의 간섭이나 방해로부터 온전하게 지켜야 하기 때문입니다.

06 두 번째 단계입니다. 루소는 청년기, 즉 스무 살까지 인간의 교육이 필요하다고 보았습니다. 루소는 형식에 얽매인 학교 교육을 반대했습니다. 왜냐하면 그런 교육은 인간의 선한 본성을 무시하고 사회의 악덕만을 가르쳐 준다고 생각했기 때문입니다.

이 시기에 중요한 것은 감각, 사물 및 육체 훈련입니다. 사람은 시각, 청각, 촉각, 후각, 미각, 이렇게 다섯 감각을 적절히 발달시킬 때 자연에 걸맞은 감각 기능을 가질 수 있고 건강한 인간으로 성장할 수 있다고 보았습니다.